Histoire de ma jeunesse

François Arago

1854

Édition : BoD · Books on Demand GmbH, In de Tarpen 42,
22848 Norderstedt (Allemagne)
Impression : Libri Plureos GmbH, Friedensallee 273,
22763 Hamburg (Allemagne)
ISBN : 978-2-3225-4399-1
Dépôt légal : Octobre 2024

HISTOIRE

DE

MA JEUNESSE

I.

Je n'ai pas la sotte vanité de m'imaginer que quelqu'un, dans un avenir même peu éloigné, aura la curiosité de rechercher comment ma première éducation s'est faite, comment mon intelligence s'est développée ; mais des biographes improvisés et sans mission, ayant donné à ce sujet des détails complètement inexacts, et qui impliqueraient la négligence de mes parents, je me crois obligé de les rectifier.

II.

Je naquis le 26 février 1786, dans la commune d'Estagel, ancienne province du Roussillon (département des Pyrénées-Orientales). Mon père, licencié en droit, avait de petites propriétés en terres arables, en vignes et en champs d'oliviers, dont le revenu faisait vivre sa nombreuse famille.

J'avais donc trois ans en 1789, quatre ans en 1790, cinq ans en 1791, six ans en 1792, et sept ans en 1793, etc.

Le lecteur a par devers lui les moyens de juger si, comme on l'a dit, comme on l'a imprimé, j'ai trempé dans les *excès* de notre première révolution.

III.

Mes parents m'envoyèrent à l'école primaire d'Estagel, où j'appris de bonne heure à lire et à écrire. Je recevais en outre, dans la maison paternelle, des leçons particulières de musique vocale. Je n'étais, du reste, ni plus ni moins avancé que les autres enfants de mon âge. Je n'entre dans ces détails que pour montrer à quel point se sont trompés ceux qui ont imprimé que, à l'âge de quatorze à quinze ans, je n'avais pas encore appris à lire.

Estagel était une étape pour une portion des troupes qui, venant de l'intérieur, allaient à Perpignan ou se rendaient directement à l'armée des Pyrénées. La maison de mes parents se trouvait donc presque constamment remplie d'officiers et de soldats. Ceci, joint à la vive irritation qu'avait fait naître en moi l'invasion espagnole, m'avait inspiré des goûts militaires si décidés, que ma famille était obligée de me faire surveiller de près pour empêcher que je ne me mélasse furtivement aux soldats qui partaient d'Estagel. Il arriva souvent qu'on m'atteignit à une lieue du village, faisant déjà route avec les troupes.

Une fois, ces goûts guerroyants faillirent me coûter cher. C'était la nuit de la bataille de Pelres-Tortes. Les troupes espagnoles, en déroute, se trompèrent en partie de chemin. J'étais sur la place du village, avant que le jour se levât ; je vis arriver un brigadier et cinq cavaliers qui, à la vue de l'arbre de la liberté, s'écrièrent : *Somos perdidos !* Je courus aussitôt à la maison m'armer d'une lance qu'y avait laissée un soldat de la levée en masse, et, m'embusquant au coin d'une rue, je frappai d'un coup de cette arme le brigadier placé en tête du peloton. La blessure n'était pas dangereuse ; un coup de sabre allait cependant punir ma hardiesse, lorsque des paysans, venus à mon aide et armés de fourches, renversèrent les cinq cavaliers de leurs montures et les firent prisonniers. J'avais alors sept ans.

IV.

Mon père étant allé résider à Perpignan, comme trésorier de la monnaie, toute la famille quitta Estagel pour l'y suivre. Je fus alors placé comme externe au collège communal de la ville, où je m'occupai presque exclusivement d'études littéraires. Nos auteurs classiques étaient devenus l'objet de mes lectures de prédilection. Mais la direction de mes idées changea tout à coup, par une circonstance singulière que je vais rapporter.

En me promenant un jour sur le rempart de la ville, je vis un officier du génie qui y faisait exécuter des réparations. Cet officier, M. Cressac, était très-jeune ; j'eus la hardiesse de m'en approcher et de lui demander comment il était arrivé si promptement à porter l'épaulette. « Je sors de l'École polytechnique, répondit-il. – Qu'est-ce que cette école-là ? – C'est une école où l'on entre par examen. – Exige-t-on beaucoup des candidats ? – Vous le verrez dans le programme que le Gouvernement envoie tous les ans à l'administration départementale ; vous le trouverez d'ailleurs dans les numéros du journal de l'École, qui existe à la bibliothèque de l'école centrale. »

Je courus sur-le-champ à cette bibliothèque ; et c'est là que, pour la première fois, je lus le programme des connaissances exigées des candidats.

À partir de ce moment, j'abandonnai les classes de l'école centrale, où l'on m'enseignait à admirer Corneille, Racine, La Fontaine, Molière, pour ne plus fréquenter que le cours de mathématiques. Ce cours était confié à un ancien ecclésiastique, l'abbé Verdier, homme fort respectable, mais dont les connaissances n'allaient pas au delà du cours élémentaire de La Caille. Je vis d'un coup d'œil que les leçons de M. Verdier ne suffiraient pas pour assurer mon admission à l'École polytechnique ; je me décidai alors à étudier moi-même les ouvrages les plus nouveaux, que je fis venir de Paris. C'étaient ceux de Legendre, de Lacroix et de Garnier. En parcourant ces ouvrages, je rencontrai souvent des difficultés qui épuisaient mes forces. Heureusement, chose étrange et peut-être sans exemple dans tout le reste de la France, il y avait à Estagel un propriétaire, M. Raynal, qui faisait ses délassements de l'étude des mathématiques transcendantes. C'était dans sa cuisine, en donnant ses ordres à de nombreux domestiques, pour les travaux du lendemain, que M. Raynal lisait avec fruit l'*Architecture hydraulique* de Prony, la *Mécanique analytique* et la *Mécanique céleste*. Cet excellent homme me donna souvent des conseils utiles ; mais, je dois le dire, mon véritable maître, je le trouvai dans une couverture du traité d'algèbre de M. Garnier. Cette couverture se composait d'une feuille imprimée sur laquelle était collé extérieurement du papier bleu. La lecture de la page non recouverte me fit naître l'envie de connaître ce que me cachait le papier bleu. J'enlevai ce papier avec soin, après l'avoir humecté, et je pus lire dessous ce conseil donné par d'Alembert à un jeune homme qui lui faisait part des difficultés qu'il rencontrait dans ses études : « Allez, Monsieur, allez, et la foi vous viendra. »

Ce fut pour moi un trait de lumière : au lieu de m'obstiner à comprendre du premier coup les propositions qui se présentaient à moi, j'admettais provisoirement leur vérité, je passais outre, et j'étais tout surpris, le lendemain, de comprendre parfaitement ce qui, la veille, me paraissait entouré d'épais nuages.

Je m'étais ainsi rendu maître, en un an et demi, de toutes les matières contenues dans le programme d'admission, et j'allai à Montpellier pour subir l'examen. J'avais alors seize ans. M. Monge le jeune, examinateur, fut retenu à Toulouse par une indisposition et écrivit aux candidats réunis à Montpellier qu'il les examinerait à Paris. J'étais moi-même trop indisposé pour entreprendre ce long voyage, et je rentrai à Perpignan.

Là, je prêtai l'oreille, un moment, aux sollicitations de ma famille, qui tenait à me faire renoncer aux carrières que l'École polytechnique alimentait. Mais, bientôt, mon goût pour les études mathématiques l'emporta ; j'augmentai ma bibliothèque de l'*Introduction à l'analyse infinitésimale* d'Euler, de la *Résolution des équations numériques*, de la *Théorie des fonctions analytiques* et de la *Mécanique analytique* de Lagrange, enfin de la *Mécanique céleste* de Laplace. Je me livrai à l'étude de ces ouvrages avec une grande ardeur. Le journal de l'École renfermant des travaux tels que le Mémoire de M. Poisson sur l'élimination, je me figurais que tous les élèves étaient de la même force que ce géomètre, et qu'il fallait s'élever jusqu'à sa hauteur pour réussir.

À partir de ce moment, je me préparai à la carrière d'artilleur, point de mire de mon ambition ; et comme j'avais entendu dire qu'un officier devait savoir la musique, faire des armes et danser, je consacrai les premières heures de chaque journée à la culture de ces trois arts d'agrément.

Le reste du temps, on me voyait me promenant dans les fossés de la citadelle de Perpignan, et cherchant, par des transitions plus ou moins forcées, à passer d'une question à l'autre, de manière à être assuré de pouvoir montrer à l'examinateur jusqu'où mes études s'étaient étendues[2].

V.

Le moment de l'examen arriva enfin, et je me rendis à Toulouse, en compagnie d'un candidat qui avait étudié au collège communal. C'était la première fois que des élèves venant de Perpignan se présentaient au concours. Mon camarade, intimidé, échoua complètement. Lorsque, après lui, je me rendis au tableau, il s'établit entre M. Monge, l'examinateur, et moi, la conversation la plus étrange :

« Si vous devez répondre comme votre camarade, il est inutile que je vous interroge.

— Monsieur, mon camarade en sait beaucoup plus qu'il ne l'a montré ; j'espère être plus heureux que lui ; mais ce que vous venez de me dire pourrait bien m'intimider et me priver de tous mes moyens.

— La timidité est toujours l'excuse des ignorants ; c'est pour vous éviter la honte d'un échec que je vous fais la proposition de ne pas vous examiner.

— Je ne connais pas de honte plus grande que celle que vous m'infligez en ce moment. Veuillez m'interroger ; c'est votre devoir.

— Vous le prenez de bien haut, Monsieur ! Nous allons voir tout à l'heure si cette fierté est légitime.

8

— Allez, Monsieur, je vous attends ! »

M. Monge m'adressa alors une question de géométrie à laquelle je répondis de manière à affaiblir ses préventions. De là, il passa à une question d'algèbre, à la résolution d'une équation numérique. Je savais l'ouvrage de Lagrange sur le bout du doigt ; j'analysai toutes les méthodes connues en en développant les avantages et les défauts : méthode de Newton, méthode des séries récurrentes, méthode des cascades, méthode des fractions continues, tout fut passé en revue ; la réponse avait duré une heure entière. Monge, revenu alors à des sentiments d'une grande bienveillance, me dit : « Je pourrais, dès ce moment, considérer l'examen comme terminé : je veux cependant, pour mon plaisir, vous adresser encore deux questions. Quelles sont les relations d'une ligne courbe et de la ligne droite qui lui est tangente ? » Je regardai la question comme un cas particulier de la théorie des osculations que j'avais étudiée dans le *Traité des jonctions analytiques* de Lagrange. « Enfin, me dit l'examinateur, comment déterminez-vous la tension des divers cordons dont se compose une machine funiculaire ? » Je traitai ce problème suivant la méthode exposée dans la *Mécanique analytique*. On voit que Lagrange avait fait tous les frais de mon examen.

J'étais depuis deux heures et quart au tableau ; M. Monge, passant d'un extrême à l'autre, se leva, vint m'embrasser, et déclara solennellement que j'occuperais le premier rang sur sa liste. Le dirai-je ? pendant l'examen de mon camarade, j'avais entendu les candidats toulousains débiter des sarcasmes très-peu aimables pour les élèves de Perpignan : c'est surtout à titre de réparation pour ma ville natale que la démarche de M. Monge et sa déclaration me transportèrent de joie.

VI.

Venu à l'École polytechnique, à la fin de 1803, je fus placé dans la brigade excessivement bruyante des Gascons et des Bretons. J'aurais bien voulu étudier à fond la physique et la chimie, dont je ne connaissais pas même les premiers rudiments ; mais c'est tout au plus si les allures de mes camarades m'en laissaient le temps. Quant à l'analyse, j'avais appris, avant d'entrer à l'École, beaucoup au delà de ce qu'on exige pour en sortir.

Je viens de rapporter les paroles étranges que M. Monge le jeune m'adressa à Toulouse en commençant mon examen d'admission. Il arriva quelque chose d'analogue au début de mon examen de mathématiques pour le passage d'une division de l'École dans l'autre.

L'examinateur, cette fois, était l'illustre géomètre Legendre, dont j'eus l'honneur, peu d'années après, de devenir le confrère et l'ami.

J'entrai dans son cabinet au moment où M. T..., qui devait subir l'examen avant moi, était emporté, complétement évanoui, dans les bras de deux garçons de salle. Je croyais que cette circonstance aurait ému et adouci

10

M. Legendre ; mais il n'en fut rien. « Comment vous appelez-vous ? me dit-il brusquement. — Arago, répondis-je. — Vous n'êtes donc pas Français ? — Si je n'étais pas Français, je ne serais pas devant vous, car je n'ai pas appris qu'on ait été jamais reçu à l'École sans avoir fait preuve de nationalité. — Je maintiens, moi, qu'on n'est pas Français quand on s'appelle Arago. — Je soutiens, de mon côté, que je suis Français, et très-bon Français, quelque étrange que mon nom puisse vous paraître. — C'est bien ; ne discutons pas sur ce point davantage, et passez au tableau. »

Je m'étais à peine armé de la craie, que M. Legendre, revenant au premier objet de ses préoccupations, me dit : « Vous êtes né dans les départements récemment réunis à la France ? — Non, Monsieur ; je suis né dans le département des Pyrénées-Orientales, au pied des Pyrénées. — Eh, que ne me disiez-vous cela tout de suite ; tout s'explique maintenant. Vous êtes d'origine espagnole, n'est-ce pas ? — C'est présumable ; mais, dans mon humble famille, on ne conserve pas de pièces authentiques qui aient pu me permettre de remonter à l'état civil de mes ancêtres : chacun y est fils de ses œuvres. Je vous déclare de nouveau que je suis Français, et cela doit vous suffire. »

La vivacité de cette dernière réponse n'avait pas disposé M. Legendre en ma faveur. Je le reconnus aussitôt ; car, m'ayant fait une question qui exigeait l'emploi d'intégrales doubles, il m'arrêta en me disant : « La méthode que vous suivez ne vous a pas été donnée par le professeur. Où l'avez-vous prise ? — Dans un de vos Mémoires. —

Pourquoi l'avez-vous choisie ? Était-ce pour me séduire ? — Non, rien n'a été plus loin de ma pensée. Je ne l'ai adoptée que parce qu'elle m'a paru préférable. — Si vous ne parvenez pas à m'expliquer les raisons de votre préférence, je vous déclare que vous serez mal noté, du moins pour le caractère. »

J'entrai alors dans des développements établissant, selon moi, que la méthode des intégrales doubles était, en tous points, plus claire et plus rationnelle que celle dont Lacroix nous avait donné l'exposé à l'amphithéâtre. Dès ce moment, Legendre me parut satisfait et se radoucit.

Ensuite, il me demanda de déterminer le centre de gravité d'un secteur sphérique. « La question est facile, lui dis-je. Eh bien, puisque vous la trouvez facile, je vais la compliquer : au lieu de supposer la densité constante, j'admettrai qu'elle varie du centre à la surface, suivant une fonction déterminée. » Je me tirai de ce calcul assez heureusement ; dès ce moment, j'avais entièrement conquis la bienveillance de l'examinateur. Il m'adressa, en effet, quand je me retirai, ces paroles, qui, dans sa bouche, parurent à mes camarades d'un augure très-favorable pour mon rang de promotion. « Je vois que vous avez bien employé votre temps ; continuez de même la seconde année, et nous nous quitterons très-bons amis. »

Il y avait, dans les modes d'examen adoptés à l'École polytechnique de 1804, qu'on cite toujours pour l'opposer à l'organisation actuelle, des bizarreries inqualifiables. Croirait-on, par exemple, que le vieux M. Barruel examinait sur la physique deux élèves à la fois, et leur donnait, disait-on, à l'un et à l'autre la note moyenne ? Je fus associé, pour mon compte, à un camarade plein d'intelligence, mais qui n'avait pas étudié cette branche de l'enseignement. Nous convînmes qu'il me laisserait le soin de répondre, et nous nous trouvâmes bien l'un et l'autre de cet arrangement.

Puisque j'ai été amené à parler de l'École de 1804, je dirai qu'elle péchait moins par l'organisation que par le personnel ; que plusieurs des professeurs étaient fort au-dessous de leurs fonctions, ce qui donnait lieu à des scènes passablement ridicules. Les élèves s'étant aperçus par exemple, de l'insuffisance de M. Hassenfratz, firent une démonstration des dimensions de l'arc-en-ciel remplie d'erreurs de calcul qui se compensaient les unes les autres, de telle manière que le résultat final était vrai. Le professeur, qui n'avait que ce résultat pour juger de la bonté de la réponse, ne manquait pas de s'écrier, quand il le voyait apparaître au tableau : Bien, bien, parfaitement bien ! ce qui excitait des éclats de rire sur tous les bancs de l'amphithéâtre.

Quand un professeur a perdu la considération, sans laquelle il est impossible qu'il fasse le bien, on se permet envers lui des avanies incroyables dont je vais citer un seul échantillon.

Un élève, M. Leboullenger, rencontra un soir dans le monde le même M. Hassenfratz et eut avec lui une discussion. En rentrant le matin à l'École, il nous fit part de cette circonstance. — Tenez-vous sur vos gardes, lui dit l'un de nos camarades, vous serez interrogé ce soir ; jouez serré, car le professeur a certainement préparé quelques grosses difficultés, afin de faire rire à vos dépens.

Nos prévisions ne furent pas trompées. À peine les élèves étaient-ils arrivés à l'amphithéâtre, que M. Hassenfratz appela M. Leboullenger qui se rendit au tableau.

« M. Leboullenger, lui dit le professeur, vous avez vu la lune ? – Non, Monsieur ! — Comment Monsieur, vous dites que vous n'avez jamais vu la lune ? — Je ne puis que répéter ma réponse ; non, Monsieur. » Hors de lui, et voyant sa proie lui échapper à cause de cette réponse inattendue, M. Hassenfratz s'adressa à l'inspecteur, chargé ce jour-là de la police, et lui dit : « Monsieur, voilà M. Leboullenger qui prétend n'avoir jamais vu la lune. — Que voulez-vous que j'y fasse ? » répondit stoïquement M. Lebrun. Repoussé de ce côté, le professeur se retourna encore une fois vers M. Leboullenger, qui restait calme et sérieux au milieu de la gaieté indicible de tout l'amphithéâtre, et il s'écria avec une colère non déguisée : « Vous persistez à soutenir que vous n'avez jamais vu la lune ? — Monsieur, repartit l'élève, je vous tromperais si je vous disais que je n'en ai pas entendu parler, mais je ne l'ai jamais vue. — Monsieur, retournez à votre place. »

Après cette scène, M. Hassenfratz n'était plus professeur que de nom, son enseignement ne pouvait plus avoir aucune utilité.

VII.

Au commencement de la deuxième année, je fus nommé chef de brigade. Hachette avait été professeur d'hydrographie à Collioure ; ses amis du Roussillon me recommandèrent à lui ; il m'accueillit avec beaucoup de bonté et me donna même une chambre dans son appartement. C'est là que j'eus le plaisir de faire la connaissance de Poisson, qui demeurait à côté. Tous les soirs, le grand géomètre entrait dans ma chambre, et nous passions des heures entières à nous entretenir de politique et de mathématiques, ce qui n'est pas précisément la même chose.

Dans le courant de 1804, l'École fut en proie aux passions politiques, et cela, par la faute du gouvernement.

On voulut d'abord forcer les élèves à signer une adresse de félicitations sur la découverte de la conspiration dans laquelle Moreau était impliqué. Ils s'y refusèrent, en disant qu'ils n'avaient pas à se prononcer sur une cause dont la justice était saisie. Il faut, d'ailleurs, remarquer que Moreau ne s'était pas encore déshonoré en prenant du service dans l'armée russe qui vint attaquer les Français sous les murs de Dresde.

Les élèves furent invités à faire une manifestation en faveur de l'institution de la Légion d'Honneur : ils s'y refusèrent encore ; ils virent bien que la croix donnée sans enquête et sans contrôle serait, en bien des cas, la récompense de la charlatanerie et non du vrai mérite.

La transformation du gouvernement consulaire en gouvernement impérial donna lieu, dans le sein de l'École, à de très-vifs débats.

Beaucoup d'élèves refusèrent de joindre leurs félicitations aux plates adulations des corps constitués.

Le général Lacuée, nommé gouverneur de l'École, rendit compte de cette opposition à l'Empereur.

« Monsieur Lacuée, s'écria Napoléon au milieu d'un groupe de courtisans qui applaudissaient de la voix et du geste, vous ne pouvez conserver à l'École les élèves qui ont montré un républicanisme si ardent ; vous les renverrez. Puis, se reprenant : « Je veux connaître auparavant leurs noms et leurs rangs de promotion. » Voyant la liste, le lendemain, il n'alla pas au delà du premier nom, qui était le premier de l'artillerie. « Je ne chasse pas les premiers de promotion, dit-il ; ah ! s'ils avaient été à la queue… M. Lacuée, restez-en là. »

Rien ne fut plus curieux que la séance dans laquelle le général Lacuée vint recevoir le serment d'obéissance des élèves. Dans le vaste amphithéâtre qui les réunissait, on ne remarquait aucune trace du recueillement que devait inspirer une telle cérémonie. La plupart, au lieu de répondre à l'appel de leurs noms : Je le jure, s'écriaient : « Présent. »

Tout à coup, la monotonie de cette scène fut interrompue par un élève, le fils de Brissot le conventionnel, qui s'écria d'une voix de stentor : « Non, je ne prête pas serment d'obéissance à l'Empereur. » Lacuée, pale et très-peu de sang-froid, ordonna à un détachement d'élèves armés placé derrière lui, d'aller arrêter le récalcitrant. Le détachement, à la tête duquel je me trouvais, refusa d'obéir. Brissot, s'adressant au général, avec le plus grand calme, lui dit : « Indiquez-moi le lieu où vous voulez que je me rende ; ne forcez pas les élèves à se déshonorer en mettant la main sur un camarade qui ne veut pas résister. » Le lendemain, Brissot fut expulsé.

VIII.

Vers cette époque, M. Méchain, qui avait été envoyé en Espagne pour prolonger la méridienne jusqu'à Formentera, mourut à Castellon de la Plana. Son fils, secrétaire de l'Observatoire, donna incontinent sa démission. Poisson m'offrit cette place ; je résistai à sa première ouverture : je ne voulais pas renoncer à la carrière militaire, objet de toutes mes prédilections, et dans laquelle j'étais d'ailleurs assuré de la protection du maréchal Lannes, ami de mon père. J'acceptai toutefois, à titre d'essai, après une visite que je fis à M. de Laplace, en compagnie de M. Poisson, la position qu'on m'offrait à l'Observatoire, avec la condition expresse que je pourrais rentrer dans l'artillerie si ça me convenait. C'est par ce motif que mon nom resta inscrit sur la liste des élèves de l'École : j'étais seulement détaché à l'Observatoire pour un service spécial.

J'entrai donc dans cet établissement sur la désignation de Poisson, mon ami, et par l'intervention de Laplace. Celui-ci me combla de prévenances. J'étais heureux et fier quand je dînais dans la rue de Tournon chez le grand géomètre. Mon esprit et mon cœur étaient très-disposés à tout admirer, à tout respecter, chez celui qui avait découvert la cause de l'équation séculaire de la lune, trouvé dans le mouvement de cet astre les moyens de calculer l'aplatissement de la terre, rattaché à l'attraction les grandes inégalités de Jupiter et de Saturne, etc., etc. Mais, quel ne fut pas mon désenchantement, lorsque, un jour, j'entendis madame de Laplace s'approcher de son mari, et lui dire : « Voulez-vous me confier la clef du sucre ? »

Quelques jours après, un second incident m'affecta plus vivement encore. Le fils de M. de Laplace se préparait pour les examens de l'École polytechnique. Il venait quelquefois me voir à l'Observatoire. Dans une de ses visites, je lui expliquai la méthode des fractions continues, à l'aide de laquelle Lagrange obtient les racines des équations numériques. Le jeune homme en parla à son père avec admiration. Je n'oublierai jamais la fureur qui suivit les paroles d'Émile de Laplace, et l'âpreté des reproches qui me furent adressés pour m'être fait le patron d'un procédé qui peut être très-long en théorie, mais auquel on ne peut évidemment rien reprocher du côté de l'élégance et de la rigueur. Jamais une préoccupation jalouse ne s'était montrée plus à nu et sous des formes plus acerbes. Ah ! me disais-je, que les anciens furent bien inspirés lorsqu'ils attribuèrent des faiblesses à celui qui cependant faisait trembler l'Olympe en fronçant le sourcil. »

IX.

Ici se place, par sa date, une circonstance qui aurait pu avoir pour moi les conséquences les plus fatales ; voici le fait.

J'ai raconté plus haut la scène qui fit expulser le fils de Brissot de l'École polytechnique. Je l'avais totalement perdu de vue depuis plusieurs mois, lorsqu'il vint me rendre visite à l'Observatoire, et me plaça dans la position la plus délicate, la plus terrible où un honnête homme se soit jamais trouvé.

« Je ne vous ai pas vu, me dit-il, parce que, depuis ma sortie de l'École, je me suis exercé chaque jour à tirer le pistolet ; je suis maintenant d'une habileté peu commune, et je vais employer mon adresse à débarrasser la France du tyran qui a confisqué toutes ses libertés. Mes mesures sont prises ; j'ai loué une petite chambre sur le Carrousel, tout près de l'endroit où Napoléon, après être sorti de la cour, vient passer la revue de la cavalerie : c'est de l'humble fenêtre de mon appartement que partira la balle qui lui traversera la tête. »

Je laisse à deviner avec quel désespoir je reçus cette confidence. Je fis tous les efforts imaginables pour détourner Brissot de son sinistre projet ; je lui fis remarquer que tous ceux qui s'étaient lancés dans des entreprises de cette nature avaient été qualifiés par l'histoire du nom odieux d'assassin. Rien ne parvint à ébranler sa fatale résolution ; j'obtins seulement de lui, sur l'honneur, la promesse que l'exécution serait quelque peu ajournée, et je me mis en quête des moyens de la faire avorter.

L'idée de dénoncer le projet de Brissot à l'autorité ne traversa pas même ma pensée. C'était une fatalité qui venait me frapper, et dont je devais subir les conséquences, quelque graves qu'elles pussent être.

Je comptais beaucoup sur les sollicitations de la mère de Brissot, déjà si cruellement éprouvée pendant la révolution ; je me rendis chez elle, rue de Condé, et la priai à mains jointes de se réunir à moi pour empêcher son fils de donner suite à sa résolution sanguinaire. « Eh ! Monsieur, me répondit cette femme, d'ailleurs modèle de douceur, si Sylvain (c'était le nom de l'ancien élève de l'École) croit qu'il accomplit un devoir patriotique, je n'ai ni l'intention, ni le désir de le détourner de ce projet. »

C'était en moi-même que je devais désormais puiser toutes mes ressources. J'avais remarqué que Brissot s'adonnait à la composition de romans et de pièces de vers. Je caressai cette passion, et tous les dimanches, surtout quand je savais qu'il devait y avoir une revue, j'allais le chercher, et l'entraînais à la campagne dans les environs de Paris. J'écoutais alors complaisamment la lecture des chapitres de ses romans qu'il avait composés dans la semaine.

Les premières courses m'effrayèrent un peu, car, armé de ses pistolets, Brissot saisissait toutes les occasions de montrer sa grande habileté ; et je réfléchissais que cette circonstance me ferait considérer comme son complice, si jamais il réalisait son projet. Enfin, sa prétention à la gloire littéraire, que je flattai de mon mieux, les espérances que je lui fis concevoir sur la réussite d'une passion amoureuse dont il m'avait confié le secret, et à laquelle je ne croyais nullement, lui firent recevoir avec attention les réflexions que je lui présentais sans cesse sur son entreprise. Il se détermina à faire un voyage d'outre-mer, et me tira ainsi de la plus grave préoccupation que j'ai éprouvée dans ma vie.

Brissot est mort après avoir couvert les murs de Paris d'affiches imprimées en faveur de la restauration bourbonnienne.

X.

À peine entré à l'Observatoire, je devins le collaborateur de Biot dans des recherches sur la réfraction des gaz, jadis commencées par Borda.

Durant ce travail, nous nous entretînmes souvent, le célèbre académicien et moi, de l'intérêt qu'il y aurait à reprendre en Espagne la mesure interrompue par la mort de Méchain. Nous soumîmes notre projet à Laplace, qui l'accueillit avec ardeur, fit faire les fonds nécessaires, et le

Gouvernement nous confia, à tous deux, cette mission importante.

Nous partîmes de Paris, M. Biot et moi, et le commissaire espagnol Rodriguez, au commencement de 1806. Nous visitâmes, chemin faisant, les stations indiquées par Méchain ; nous fîmes à la triangulation projetée quelques modifications importantes, et nous nous mîmes aussitôt à l'œuvre.

Une direction inexacte donnée aux réverbères établis à Iviza sur la montagne Campvey, rendit les observations faites sur le continent extrêmement difficiles. La lumière du signal de Campvey se voyait très-rarement, et je fus, pendant six mois, au *Desierto de las Palmas*, sans l'apercevoir, tandis que plus tard la lumière établie au Desierto, mais bien dirigée, se voyait, tous les soirs, de Campvey. On concevra facilement quel ennui devait éprouver un astronome actif et jeune, confiné sur un pic élevé, n'ayant pour promenade qu'un espace d'une vingtaine de mètres carrés, et pour distraction que la conversation de deux chartreux dont le couvent était situé au pied de la montagne, et qui venaient en cachette enfreindre la règle de leur ordre.

Au moment où j'écris ces lignes, vieux et infirme, avec des jambes qui peuvent à peine me soutenir, ma pensée se reporte involontairement sur cette époque de ma vie où, jeune et vigoureux, je résistais aux plus grandes fatigues et marchais jour et nuit dans les contrées montagneuses qui séparent les royaumes de Valence et de Catalogne du royaume d'Aragon, pour aller rétablir nos signaux géodésiques que les ouragans avaient renversés.

XI.

J'étais à Valence vers le milieu d'octobre 1806. Un matin, de bonne heure, je vis entrer chez moi le consul de France, tout effaré : « Voici une triste nouvelle, me dit M. Lanusse, faites vos préparatifs de départ ; la ville est toute en émoi ; une déclaration de guerre contre la France vient d'être publiée ; il paraît que nous avons éprouvé un grand désastre en Prusse. La reine, assure-t-on, s'est mise à la tête de la cavalerie et de la garde royale ; une partie de l'armée française a été taillée en pièces ; le reste est en complète déroute. Nos vies ne seraient pas en sûreté si nous restions ici ; l'ambassadeur de France à Madrid me préviendra quand un bâtiment américain, à l'ancre au Grao de Valence, pourra nous prendre à son bord, et moi, je vous avertirai dès que le moment sera venu. » Ce moment ne vint pas, car, peu de jours après, la fausse nouvelle qui, on doit le supposer, avait dicté la proclamation du prince de la Paix, fut remplacée par le bulletin de la bataille d'Iéna. Les gens qui d'abord faisaient les fanfarons et menaçaient de tout pourfendre, étaient subitement devenus d'une platitude honteuse ; nous pouvions nous promener dans la ville, tête levée, sans craindre désormais d'être insultés.

Cette proclamation, dans laquelle on parle des circonstances critiques où était la nation espagnole, des difficultés qui entouraient ce peuple, du salut de la patrie, des palmes et du Dieu de la victoire, d'ennemis avec lesquels on devait en venir aux mains, ne renfermait pas le nom de la France. On en profita, le croirait-on ? pour soutenir qu'elle était dirigée contre le Portugal.

Napoléon fit semblant de croire à cette burlesque interprétation ; mais, dès ce moment, il fut évident que l'Espagne serait tôt ou tard obligée de rendre un compte sévère des intentions guerroyantes qu'elle avait subitement montrées en 1806 : ceci, sans justifier les événements de Bayonne, les explique d'une manière fort naturelle.

XII.

J'attendais à Valence M. Biot, qui s'était chargé d'apporter de nouveaux instruments avec lesquels nous devions mesurer la latitude de Formentera. Je profiterai de ces courts instants de repos pour consigner ici quelques détails de mœurs qu'on lira peut-être avec intérêt.

Je rapporterai d'abord une aventure qui faillit me coûter la vie dans des circonstances assez singulières.

Un jour, par délassement, je crus pouvoir aller, avec un compatriote, à la foire de Murviedro, l'ancienne Sagonte, qu'on me disait être très-curieuse. Je rencontrai, dans la ville, la fille d'un Français résidant à Valence, mademoiselle B***. Toutes les hôtelleries étaient combles ; mademoiselle B*** nous invita à aller prendre une collation chez sa grand'mère ; nous acceptâmes. Mais, au sortir de la maison, elle nous apprit que notre visite n'avait pas été du goût de son fiancé, et que nous devions nous attendre à quelque guet-apens de sa façon. Nous allâmes incontinent acheter des pistolets chez un armurier, et nous nous remîmes en route pour Valence.

Chemin faisant, je dis au calezero, homme que j'employais depuis longtemps et qui m'était très-dévoué :

« Isidro, j'ai quelques raisons de croire que nous serons arrêtés ; je vous en avertis, afin que vous ne soyez pas surpris par les coups de feu qui partiront de la caleza. »

Isidro, assis sur le brancard, suivant l'habitude du pays, répondit :

« Vos pistolets sont parfaitement inutiles, Messieurs : laissez-moi faire ; il suffira d'un cri pour que ma mule nous débarrasse de deux, de trois et même de quatre hommes. »

Une minute s'était à peine écoulée depuis que le calezero avait prononcé ces paroles, lorsque deux hommes se présentèrent devant la mule et la saisirent par les naseaux. À l'instant, un cri formidable, qui ne s'effacera jamais de mon souvenir, le cri de *capitana !* fut poussé par Isidro. La mule se cabra presque verticalement, en soulevant l'un des deux hommes, retomba et partit au grand galop. Le cahot qu'éprouva la voiture nous fit trop bien comprendre ce qui venait d'arriver. Un long silence succéda à cet événement ;

il ne fut interrompu que par ces mots du calezero : « Ne trouvez-vous pas, Messieurs, que ma mule vaut mieux que des pistolets ? »

Le lendemain, le capitaine général, don Domingo Izquierdo me raconta qu'on avait trouvé un homme écrasé sur la route de Murviedro. Je lui rendis compte de la prouesse de la mule d'Isidro, et tout fut dit.

XIII.

Une anecdote prise entre mille, et l'on verra quelle vie aventureuse menait le délégué du *Bureau des longitudes*.

Pendant mon séjour sur une montagne voisine de Cullera, au nord de l'embouchure du rio Xucar, et au sud de l'Albuféra, je conçus, un moment, le projet d'établir une station sur les montagnes élevées qui se voient en face. J'allai la visiter. L'alcade d'un des villages voisins m'avertit du danger auquel j'allais m'exposer. Ces montagnes, me dit-il, servent de repaire à une foule de voleurs de grand chemin. Je requis la garde nationale, comme j'en avais le pouvoir. Mon escorte fut prise par les voleurs pour une expédition dirigée contre eux, et ils se répandirent aussitôt dans la riche plaine que le Xucar arrose. À mon retour, je trouvai le combat engagé entre eux et les autorités de Cullera. Il y eut des blessés des deux parts, et si je me le rappelle bien, un alguazil resta même sur le carreau.

Le lendemain matin, je regagnai ma station. La nuit suivante fut horrible ; il tombait une pluie diluvienne. Vers minuit, on frappa à la porte de ma cabane. Sur la question : « Qui va là ? on répondit : Un garde de la douane, qui vous demande un refuge pour quelques heures. » Mon domestique ayant ouvert, je vis entrer un homme magnifique, armé jusqu'aux dents. Il se coucha par terre et s'endormit. Le matin, pendant que je causais avec lui, à la porte de ma cabane, ses yeux s'animèrent en voyant sur le penchant de la montagne deux personnes, l'alcade de Cullera et son principal alguazil, qui venaient me rendre visite. « Monsieur, s'écria-t-il, il ne faut rien moins que la reconnaissance que je vous dois, à raison du service que vous m'avez rendu cette nuit, pour que je ne saisisse pas cette occasion de me débarrasser, par un coup de carabine, de mon plus cruel ennemi. Adieu, Monsieur ! » Et il partit, léger comme une gazelle, sautant de rocher en rocher.

Arrivés à la cabane, l'alcade et son alguazil reconnurent dans le fugitif le chef de tous les voleurs de grands chemins de la contrée.

Quelques jours après, le temps étant redevenu très-mauvais, je reçus une seconde visite du prétendu garde de la douane, qui s'endormit profondément dans ma cabane. Je vis que mon domestique, vieux militaire, qui avait entendu le récit des faits et gestes de cet homme, s'apprêtait à le tuer. Je sautai à bas de mon lit de camp, et prenant mon domestique à la gorge « Êtes-vous fou ? lui dis-je ; est-ce que nous sommes chargés de faire la police dans le pays ?

Ne voyez-vous pas d'ailleurs que ce serait nous exposer au ressentiment de tous ceux qui obéissent aux ordres de ce chef redouté ? Et nous nous mettrions dans l'impossibilité de terminer nos opérations. »

Le matin, au lever du soleil, j'eus avec mon hôte une conversation que je vais essayer de reproduire fidèlement.

« Votre situation m'est parfaitement connue ; je sais que vous n'êtes pas un garde de la douane ; j'ai appris de science certaine que vous êtes le chef des voleurs de la contrée. Dites-moi si j'ai quelque chose à redouter de vos affidés ?

— L'idée de vous voler nous est venue ; mais nous avons songé que tout votre argent était dans les villes voisines ; que vous ne portiez pas de fonds sur le sommet des montagnes, où vous ne sauriez qu'en faire, et que notre expédition contre vous n'aurait aucun résultat fructueux. Nous n'avons pas d'ailleurs la prétention d'être aussi forts que le roi d'Espagne. Les troupes du roi nous laissent assez tranquillement exercer notre industrie ; mais le jour où nous aurions molesté un envoyé de l'empereur des Français, on dirigerait contre nous plusieurs régiments et nous aurions bientôt succombé. Permettez-moi d'ajouter que la reconnaissance que je vous dois est votre plus sûre garantie.

— Eh bien, je veux avoir confiance dans vos paroles ; je réglerai ma conduite sur votre réponse. Dites-moi si je puis voyager la nuit ? Il m'est pénible de me transporter, le jour, d'une station à l'autre, sous l'action brûlante du soleil !...

— Vous le pouvez, Monsieur ; j'ai déjà donné des ordres en conséquence : ils ne seront pas enfreints. »

Quelques jours après, je partais pour Denia ; il était minuit, lorsque je vis accourir à moi des hommes à cheval qui m'adressèrent ce discours :

« Halte-là ! señor ; les temps sont durs il faut que ceux qui possèdent viennent au secours de ceux qui n'ont rien. Donnez-nous les clefs de vos malles ; nous ne prendrons que votre superflu. »

J'avais déjà déféré à leurs ordres, lorsqu'il me vint l'esprit de m'écrier :

« On m'avait dit cependant que je pourrais voyager sans risque.

— Comment vous appelez-vous, Monsieur ?

— Don Francisco Arago.

– *Hombre ! vaya usted con Dios* (que Dieu vous accompagne). »

Et nos cavaliers, piquant des deux, se perdirent rapidement dans un champ d'algarrobos.

Lorsque *mon ami* le voleur de Cullera m'assurait que je n'avais rien à redouter de ses subordonnés, il m'apprenait en même temps que son autorité ne s'étendait pas au nord de Valence. Les détrousseurs de grand chemin de la partie septentrionale du royaume obéissaient à d'autres chefs, à celui, par exemple, qui, après avoir été pris, condamné et pendu, fut partagé en quatre quartiers qu'on attacha à des poteaux sur quatre routes royales, mais non sans les avoir préalablement fait bouillir dans de l'huile afin d'assurer leur plus longue conservation.

Cette coutume barbare ne produisait aucun effet ; car à peine un chef était abattu qu'il s'en présentait un autre pour le remplacer.

De tous ces voleurs de grand chemin, ceux qui avaient la plus mauvaise réputation opéraient dans les environs d'Oropeza. Les propriétaires des trois mules sur lesquelles nous chevauchions un soir dans ces parages, M. Rodriguez, moi et mon domestique, nous racontaient des *hauts faits* de ces voleurs qui, même en plein jour, auraient fait dresser les cheveux sur la tête, lorsque, à la lueur de la lune, nous aperçûmes un homme qui se cachait derrière un arbre ; nous étions six, et cependant cette vedette eut l'audace de nous demander la bourse ou la vie ; mon domestique lui répondit sur-le-champ : « Tu nous crois donc bien lâches ; retire-toi, ou je t'abats d'un coup de ma carabine. — Je me retire, repartit ce misérable ; mais vous aurez bientôt de mes nouvelles. » Encore pleins d'effroi au souvenir des histoires qu'ils venaient de nous raconter, les trois arieros nous supplièrent de quitter la grande route et de nous jeter dans un bois qui était sur notre gauche. Nous déférâmes à leur invitation ; mais nous nous égarâmes. « Descendez, dirent-ils, les mules ont obéi à la bride et vous les avez mal dirigées. Revenons sur nos pas jusqu'à ce que nous soyons dans le chemin, et abandonnez les mules à elles-mêmes ; elles sauront bien retrouver la route. » À peine avions-nous effectué cette manœuvre, qui nous réussit à merveille, que nous entendîmes une vive discussion qui avait lieu à peu de distance. Les uns disaient : « Il faut suivre la grande route, et nous les rencontrerons. » Les autres prétendaient qu'il fallait se jeter à gauche dans le bois. Les aboiements des chiens dont ces individus étaient accompagnés ajoutaient au vacarme. Pendant ce temps, nous cheminions silencieusement, plus morts que vifs. Il était deux heures du matin. Tout à coup nous vîmes une faible lumière dans une maison isolée ; c'était pour le navigateur comme un phare au milieu de la tempête, et le seul moyen de salut qui nous restât. Arrivés à la porte de la ferme, nous frappâmes et demandâmes l'hospitalité. Les habitants, très-peu rassurés, craignaient que nous ne fussions des voleurs, et ne s'empressaient pas d'ouvrir.

Impatienté du retard, je m'écriai, comme j'en avais reçu l'autorisation : « Au nom du roi, ouvrez ! » On obéit à un ordre ainsi formulé ; nous entrâmes pêle-mêle et en toute hâte, hommes et mules, dans la cuisine qui était au rez-de-chaussée, et nous nous empressâmes d'éteindre les lumières, afin de ne pas éveiller les soupçons des bandits qui nous cherchaient. Nous les entendîmes, en effet, passer et repasser près de la maison, vociférant de toute la force de leurs poumons contre leur mauvaise chance. Nous ne quittâmes cette maison isolée qu'au grand jour, et nous continuâmes notre route pour Tortose, non sans avoir donné une récompense convenable à nos hôtes. Je voulus savoir par quelles circonstances providentielles ils avaient tenu une lampe allumée à une heure indue. « C'est, me dirent-ils, que nous avions tué un cochon dans la journée, et que nous nous occupions de la préparation du boudin. » Faites vivre le cochon un jour de plus ou supprimez les boudins, je ne serais certainement plus de ce monde, et je n'aurais pas l'occasion de raconter l'histoire des voleurs d'Oropeza.

XIV.

Jamais je n'ai mieux apprécié la mesure intelligente par laquelle l'Assemblée constituante supprima l'ancienne division de la France en provinces, et lui substitua la division en départements, qu'en parcourant pour ma triangulation les royautés espagnoles limitrophes, de Catalogne, de Valence et d'Aragon. Les habitants de ces trois provinces se détestaient cordialement, et il ne fallut rien moins que le lien d'une haine commune pour les faire agir simultanément contre les Français. Telle était leur animosité, en 1807, que je pouvais à peine me servir à la fois de Catalans, d'Aragonais et de Valenciens, lorsque je me transportais avec mes instruments d'une station à l'autre. Les Valenciens en particulier étaient traités de peuple léger, futile, inconsistant, par les Catalans. Ceux-ci avaient l'habitude de me dire : *En el reino de Valencia la carne es verdura, la verdura agua, los hombres mugeres, las mugeres nada* ; ce qui peut se traduire ainsi : « Dans le royaume de Valence, la viande est légume, les légumes de l'eau, les hommes des femmes, et les femmes rien. »

32

D'autre part, les Valenciens, parlant des Aragonais, les appelaient *schuros*.

Ayant demandé à un pâtre de cette province, qui avait mené des chèvres près d'une de mes stations, quelle était l'origine de cette dénomination, dont ses compatriotes se montraient si offensés :

« Je ne sais, me dit-il en souriant finement, si je dois vous répondre. — Allez, allez, lui dis-je, je puis tout entendre sans me fâcher. — Eh bien, le mot de *schuros* veut dire qu'à notre grande honte, nous avons quelquefois été gouvernés par des rois français. Le souverain, avant de prendre le pouvoir, était tenu de promettre sous serment de respecter nos franchises et d'articuler à haute voix les mots solennels *lo Juro !* Comme il ne savait pas prononcer la *Jota*, il disait *schuro*. Êtes-vous satisfait, señor ? — Je lui répondis : Oui, oui ! Je vois que la vanité, que l'orgueil ne sont pas morts dans ce pays-ci. »

Puisque je viens de parler d'un pâtre, je dirai qu'en Espagne, la classe d'individus des deux sexes préposée à la garde des troupeaux m'apparut toujours moins éloignée qu'en France des peintures que les poëtes anciens nous ont laissées des bergers et des bergères, dans leurs poésies pastorales. Les chants par lesquels ils cherchent à tromper les ennuis de leur vie monotone sont plus distingués dans la forme et dans le fond que chez les autres nations de l'Europe auprès desquelles j'ai eu accès. Je ne me rappelle jamais sans surprise qu'étant sur une montagne située au point de jonction des royaumes de Valence, d'Aragon et de

Catalogne, je fus tout à coup enveloppé dans un violent orage qui me força de me réfugier sous ma tente et de m'y tenir tout blotti. Lorsque l'orage se fut dissipé et que je sortis de ma retraite, j'entendis, à mon grand étonnement, sur un pic isolé qui dominait ma station, une bergère qui chantait une chanson dont je me rappelle seulement ces huit vers, qui donneront une idée du reste :

. . . .

    A los que amor no saben
       Ofroces las dulzuras
    Y a mi las amarguras
    Que sé lo que es amar.
    Las gracias al me certé
       Eran cuadro de flores
    Te cantaban amores
    Por hacerte callar.

Oh ! combien il y a de sève dans cette nation espagnole ! quel dommage qu'on ne veuille pas lui faire produire des fruits !

XV.

En 1807, le tribunal de l'inquisition existait encore à Valence et fonctionnait quelquefois. Les révérends Pères ne faisaient, il est vrai, brûler personne ; mais ils prononçaient des sentences où le ridicule le disputait à l'odieux. Pendant mon séjour dans cette ville, le saint-office eut à s'occuper d'une prétendue sorcière ; il la fit promener dans tous les quartiers, à califourchon sur un âne, la figure tournée vers la queue ; la partie supérieure du corps, depuis la ceinture, n'offrait aucun vêtement ; seulement, pour obéir aux règles les plus vulgaires de la décence, la pauvre femme avait été enduite d'une substance gluante, de miel, me dit-on, sur laquelle adhérait une énorme quantité de petites plumes ; en sorte que, à vrai dire, la victime ressemblait à une poule ayant une tête humaine. Le cortége, je laisse à deviner s'il y avait foule, stationna quelque temps sur la place de la cathédrale, où je demeurais. On me rapporta que la sorcière fut frappée sur le dos d'un certain nombre de coups de pelle ; mais je n'oserais pas l'affirmer, car j'étais absent au moment où cette hideuse procession passa devant mes fenêtres.

Voilà cependant quels spectacles on donnait au peuple, au commencement du XIXe siècle, dans une des principales villes d'Espagne, siége d'une université célèbre et patrie de nombreux citoyens distingués par leur savoir, leur courage et leurs vertus. Que les amis de l'humanité et de la civilisation ne se désunissent pas ; qu'ils forment, au contraire, un faisceau indissoluble, car la superstition veille toujours et guette le moment de ressaisir sa proie.

XVI.

J'ai raconté, dans le cours de ma relation, que deux chartreux quittaient souvent leur couvent du *Desierto de las palmas*, et venaient, en contrebande, me voir à ma station, située environ deux cents mètres plus haut. Quelques détails pourront donner une idée de ce qu'étaient certains moines, dans la Péninsule, en 1807.

L'un des deux, le père Trivulce, était vieux ; l'autre, au contraire, était très-jeune. Le premier, d'origine française, avait joué un rôle à Marseille, dans les événements contre-révolutionnaires dont cette ville fut le théâtre au commencement de notre première révolution. Son rôle avait été très-actif ; on en voyait la preuve aux cicatrices de coups de sabre qui sillonnaient sa poitrine. Ce fut lui qui vint le premier. En voyant monter son jeune camarade, il se cacha ; mais, dès que celui-ci fut entré en pleine conversation avec moi, le père Trivulce se montra tout à coup. Son apparition fit l'effet de la tête de Méduse. « Rassurez-vous, dit-il à son jeune confrère : ne nous dénonçons pas réciproquement, car notre prieur n'est pas homme à nous pardonner d'être venus ici enfreindre notre vœu de silence, et nous recevrions tous les deux une punition dont nous conserverions longtemps le souvenir. » Le traité fut conclu aussitôt, et à partir de ce jour, les deux chartreux vinrent très-souvent s'entretenir avec moi.

Le plus jeune de nos deux visiteurs était Aragonais ; sa famille l'avait fait moine contre sa volonté. Il me racontait un jour, devant M. Biot, revenu de Tarragone, où il s'était réfugié pour se guérir de la fièvre, des détails qui, suivant lui, prouvaient qu'il n'y avait plus en Espagne que des simulacres de religion. Ces détails étaient surtout empruntés au mystère de la confession. M. Biot témoigna brusquement le déplaisir que cette conversation lui causait ; il y eut même, dans ses paroles, quelques mots qui portèrent le moine à supposer que M. Biot le prenait pour une sorte d'espion. Dès que ce soupçon eut traversé son esprit, il nous quitta sans mot dire, et le lendemain matin je le vis monter de bonne heure, armé d'un fusil. Le moine français l'avait précédé, et m'avait dit à l'oreille quel danger menaçait mon confrère. « Joignez-vous à moi, ajouta-t-il pour détourner le jeune moine aragonais de son projet homicide. » Je n'ai pas besoin de dire que je m'employai avec ardeur dans cette négociation, où j'eus le bonheur de réussir. Il y avait là, comme on le voit, l'étoffe d'un chef de *guerilleros*. Je serais bien étonné que mon jeune moine n'eût pas joué un rôle dans la guerre de l'indépendance.

XVII.

L'anecdote que je vais raconter prouvera amplement que la religion était, pour les moines chartreux du *Desierto de las Palmas*, non la conséquence de sentiments élevés, mais une simple réunion de pratiques superstitieuses.

La scène du fusil toujours présente à mon esprit, me semblait établir que le jeune moine aragonais, poussé par ses passions, serait capable des actions les plus criminelles. Aussi, je fus très-désagréablement impressionné, lorsqu'un dimanche, étant descendu pour entendre la messe, je rencontrai ce moine qui, sans mot dire, me conduisit, par une série de sombres corridors, dans une chapelle où le jour ne pénétrait que par une très-petite fenêtre. Là je trouvai le père Trivulce, qui se mit en mesure de dire la messe pour moi seul. Le jeune moine la servait. Tout à coup, un instant avant la consécration, le père Trivulce, se tournant de mon côté, me dit ces propres paroles « Nous avons la permission de dire la messe avec du vin blanc ; nous nous servons pour cela de celui que nous recueillons dans nos vignes ce vin est très-bon. Demandez au prieur de vous en faire goûter, lorsque, en sortant d'ici, vous irez déjeuner avec lui. Au surplus, vous pouvez vous assurer à l'instant de la vérité de ce que je vous dis. » Et il me présenta la burette pour me faire boire. Je résistai fortement, non-seulement à cause de ce que je trouvai d'indécent dans cette invitation jetée au milieu de la messe, mais encore parce que, je dois l'avouer, je conçus un moment la pensée que les moines voulaient, en m'empoisonnant, se venger sur moi de l'avanie que M. Biot leur avait faite. Je reconnus que je m'étais trompé, que mes soupçons n'avaient aucun fondement ; car le père Trivulce reprit la messe interrompue, but, et but largement le vin blanc renfermé dans une des burettes. Quoi qu'il en soit, lorsque je fus sorti des mains des deux moines, et que je pus respirer l'air pur de la campagne, j'éprouvai une vive satisfaction.

XVIII.

Le droit d'asile accordé à quelques églises était un des plus hideux privilèges parmi ceux dont la révolution de 89 débarrassa la France. En 1807, ce droit existait encore en Espagne, et appartenait, je crois, à toutes les cathédrales. J'appris, pendant mon séjour à Barcelone, qu'il y avait, dans un petit cloître attenant à la plus grande église de cette ville, un voleur de grand chemin, un homme coupable de plusieurs assassinats, qui y vivait tranquillement, garanti contre toute poursuite par la sainteté du lieu. Je voulus m'assurer par mes yeux de la réalité du fait, et je me rendis avec mon ami Rodriguez dans le petit cloître en question. L'assassin prenait alors un repas qu'une femme venait de lui apporter. Il devina aisément le but de notre visite, et fit incontinent des démonstrations qui nous prouvèrent que si l'asile était sûr pour le détrousseur de grands chemins, il ne le serait guère pour nous. Nous nous retirâmes sur-le-champ, en déplorant que dans un pays qui se disait civilisé, il existât encore des abus aussi criants, aussi monstrueux.

XIX.

Pour réussir dans nos opérations géodésiques, pour obtenir le concours des habitants des villages voisins de nos stations, nous avions besoin d'être recommandés aux curés. Nous allâmes donc, M. Lanusse, vice-consul de France, M. Biot et moi, rendre visite à l'archevêque de Valence, afin de solliciter sa protection. Cet archevêque, homme de très-haute taille, était alors général des franciscains ; son costume, plus que négligé, sa robe grise, couverte de tabac, contrastaient avec la magnificence du palais archiépiscopal. Il nous reçut avec bonté, et nous promit toutes les recommandations désirables : mais, au moment de prendre congé de lui, nos affaires semblèrent se gâter. M. Lanusse et M. Biot sortirent de la salle de réception sans baiser la main de Monseigneur, quoiqu'il l'eût présentée à chacun d'eux très-gracieusement. L'archevêque se dédommagea sur ma pauvre personne. Un mouvement qui faillit me casser les dents, un geste que je pourrais justement appeler un coup de poing, me prouva que le général des franciscains, malgré son vœu d'humilité, avait été choqué du sans-façon de mes deux compagnons de visite. J'allais me plaindre de la brusquerie dont il usait à mon égard ; mais j'avais devant les yeux les nécessités de nos opérations trigonométriques, et je me tus.

D'ailleurs, à l'instant où le poing serré de l'archevêque s'appliqua sur mes lèvres, je songeais encore aux belles expériences d'optique qu'il eût été possible de faire avec la magnifique pierre qui ornait son anneau pastoral. Cette idée, je le dis franchement, m'avait préoccupé pendant toute la durée de la visite.

XX.

M. Biot étant enfin venu me retrouver à Valence, où j'attendais, comme je l'ai dit, de nouveaux instruments, nous nous rendîmes à Formentera, extrémité méridionale de notre arc, dont nous déterminâmes la latitude. M. Biot me quitta ensuite pour retourner à Paris, pendant que je joignais géodésiquement l'île Mayorque à Iviza et à Formentera, obtenant ainsi, à l'aide d'un seul triangle, la mesure d'un arc de parallèle de un degré et demi.

Je me rendis ensuite à Mayorque, pour y mesurer la latitude et l'azimut.

À cette époque, la fermentation politique, engendrée par l'entrée des Français en Espagne, commençait à envahir toute la Péninsule et les îles qui en dépendent. Cette fermentation n'atteignait encore, à Mayorque, que les ministres, les partisans et les parents du prince de la Paix. Tous les soirs, je voyais traîner en triomphe, sur la place de Palma, capitale de l'île Mayorque, tantôt les voitures en flammes du ministre Soller, tantôt les voitures de l'évêque, et même celles de simples particuliers soupçonnés d'être attachés à la fortune du favori Godoï. J'étais loin de soupçonner alors que mon tour allait bientôt arriver.

Ma station mayorquine, le *Clop de Galazo*, montagne très-élevée, était située précisément au-dessus du port où débarqua don *Jayme el Conquistador* lorsqu'il alla enlever les îles Baléares aux Maures. Le bruit se répandit dans la population que je m'étais établi là pour favoriser l'arrivée de l'armée française, et que tous les soirs je lui faisais des signaux. Ces bruits toutefois ne devinrent menaçants pour moi qu'au moment de l'arrivée à Palma, le 27 mai 1808, d'un officier d'ordonnance de Napoléon. Cet officier était

M. Berthemie ; il portait à l'escadre espagnole, à Mahon, l'ordre de se rendre en toute hâte à Toulon. Un soulèvement général, qui mit la vie de cet officier en danger, suivit la nouvelle de sa mission. Le capitaine-général Vivès ne parvint même à lui sauver la vie qu'en le faisant enfermer dans le château fort de Belver. On se souvint alors du Français établi au *Clop de Galazo*, et l'on forma une expédition populaire pour aller s'en saisir.

M. Damian patron du mistic que le gouvernement espagnol avait mis à ma disposition, prit les devants et m'apporta un costume à l'aide duquel je me déguisai. En me dirigeant vers Palma, en compagnie du brave marin, nous rencontrâmes l'attroupement qui allait à ma recherche. On ne me reconnut pas, car je parlais parfaitement le mayorquin. J'encourageai fortement les hommes de ce détachement à continuer leur route, et je m'acheminai vers Palma. La nuit, je me rendis à bord du mistic, commandé par don Manuel de Vacaro, que le gouvernement espagnol avait placé sous mes ordres. Je demandai à cet officier s'il voulait me conduire à Barcelone, occupé par les Français, lui promettant que, si l'on faisait mine de le retenir, je reviendrais sur-le-champ me constituer prisonnier.

Don Manuel, qui jusqu'alors avait montré envers moi une obséquiosité extrême, n'eut que des paroles de rudesse et de défiance. Il se fit, sur le môle, où le mistic était amarré, un mouvement tumultueux que Vacaro m'assura être dirigé contre moi. « Soyez sans inquiétude, me dit-il ; si l'on pénètre dans le navire, vous vous cacherez dans ce bahut. »

J'en fis l'essai ; mais la caisse qu'il me montrait était si exiguë que mes jambes étaient tout entières en dehors, et que le couvercle ne pouvait pas se fermer. Je compris parfaitement ce que cela voulait dire, et je demandai à M. Vacaro de me faire enfermer aussi au château de Belver. L'ordre d'incarcération du capitaine-général étant arrivé, je descendis dans la chaloupe où les matelots du mistic me reçurent avec effusion.

Au moment où ils traversaient la rade, la populace m'aperçut, se mit à ma poursuite, et ce ne fut qu'avec beaucoup de peine que j'atteignis Belver sain et sauf. Je n'avais, en effet, reçu dans ma course qu'un léger coup de poignard à la cuisse. On a vu souvent des prisonniers s'éloigner à toutes jambes de leur cachot ; je suis le premier, peut-être, à qui il ait été donné de faire l'inverse. Cela se passait le 1er ou le 2 juin 1808.

Le gouverneur de Belver était un personnage très-extraordinaire. S'il vit encore, il pourra me demander un certificat de priorité sur les hydropathes modernes : le capitaine grenadin soutenait que l'eau pure, administrée convenablement, était un moyen de traiter toutes les maladies, même les amputations. En écoutant ses théories très-patiemment et sans jamais l'interrompre, je conquis ses bonnes grâces. Ce fut sur sa demande, et dans l'intérêt de notre sûreté qu'une garnison suisse remplaça la troupe espagnole qui jusque-là avait été employée à la garde de Belver. Ce fut aussi par lui que j'appris un jour qu'un moine avait proposé aux soldats qui allaient chercher ma nourriture en ville, de verser du poison dans l'un des plats.

Tous mes anciens amis de Mayorque m'avaient abandonné au moment de ma détention. J'avais eu avec don Manuel de Vacaro une correspondance très-acerbe pour obtenir la restitution du sauf-conduit que l'amirauté anglaise nous avait délivré. M. Rodriguez seul osait venir me visiter en plein jour, et m'apporter toutes les consolations qui étaient en son pouvoir.

XXI.

L'excellent M. Rodriguez, pour tromper les ennuis de mon incarcération, me remettait de temps en temps les journaux qui se publiaient alors sur divers points de la Péninsule. Il me les envoyait souvent sans les lire. Une fois, je vis dans ces journaux le récit des horribles massacres dont la ville de Valence, je me trompe, dont la *place des Taureaux* avait été le théâtre, et dans lesquels disparut, sous la pique du toréador, la presque totalité des Français établis dans cette ville (plus de 350). Un autre journal renfermait un article portant ce titre : *Relacion de la choreadura del señor Arago e del señor Berthemie* ; littéralement : Relation du supplice de M. Arago et de M. Berthemie. Cette relation parlait des deux suppliciés dans des termes très-différents. M. Berthemie était un huguenot, il avait été sourd à toutes les exhortations ; il avait craché à la figure de l'ecclésiastique qui l'assistait, et même sur l'image du Christ. Pour moi, je m'étais conduit avec beaucoup de décence et m'étais laissé pendre sans soulever aucun scandale. Aussi, l'auteur de la relation témoignait ses regrets de ce qu'un jeune astronome avait eu la faiblesse de s'associer à une trahison, en venant, sous le couvert de la science, favoriser l'entrée de l'armée française dans un royaume ami.

Après la lecture de cet article, je pris immédiatement mon parti : « Puisqu'on parle de mon supplice, dis-je à mon ami Rodriguez, l'événement ne tardera pas à arriver ; j'aime mieux être noyé que pendu ; je veux m'évader de cette forteresse ; c'est à vous de m'en fournir les moyens. »

Rodriguez, sachant mieux que personne combien mes appréhensions étaient fondées, se mit aussitôt à l'œuvre. Il alla chez le capitaine-général et lui fit sentir tous les dangers de sa position si je disparaissais dans une émeute populaire, ou même s'il avait la main forcée pour se débarrasser de moi. Ses observations furent d'autant mieux comprises, que personne ne pouvait alors prévoir quelle serait l'issue de la révolution espagnole. « Je prends l'engagement, dit le capitaine-général Vivès à mon collaborateur Rodriguez, de donner au commandant de la forteresse l'ordre de laisser sortir, quand le moment sera venu, M. Arago et même les deux ou trois autres Français qui sont avec lui dans le château de Belver. Ils n'auront donc nullement besoin des moyens d'évasion qu'ils se sont procurés ; mais j'entends rester en dehors de tous les préparatifs qui deviendront nécessaires pour faire sortir de l'île les fugitifs ; je laisse tout cela sous votre responsabilité. »

Rodriguez s'entendit immédiatement avec le brave patron Damian ; il fut convenu entre eux que Damian prendrait le commandement d'une barque à demi pontée que le vent avait poussée sur la plage, qu'il l'équiperait comme s'il voulait aller à la pêche, qu'il nous porterait à Alger, après quoi sa rentrée à Palma, avec ou sans poisson, n'inspirerait aucun soupçon.

Les choses furent exécutées suivant ces conventions, et malgré la surveillance inquisitoriale que don Manuel de Vacaro exerçait sur le patron de son mistic.

Le 28 juillet 1808, nous descendions silencieusement la colline sur laquelle Belver est bâtie, au moment même où la famille du ministre Soller entrait dans la forteresse pour se soustraire aux fureurs de la populace. Parvenus sur le rivage, nous y trouvâmes Damian, sa barque et trois matelots. Nous nous embarquâmes sur-le-champ et mîmes à la voile ; Damian avait eu la précaution de réunir aussi sur ce frêle navire les instruments de prix qu'il avait enlevés à ma station du *Clop de Galazo*. La mer était mauvaise ; Damian crut prudent de s'arrêter à la petite île de Cabrera, destinée à devenir, peu de temps après, si tristement célèbre par les souffrances qu'y éprouvèrent les soldats de l'armée de Dupont, après la honteuse capitulation de Baylen. Là, un incident singulier faillit tout compromettre. Cabrera, assez voisine de l'extrémité méridionale de Mayorque, est souvent visitée par des pêcheurs venant de cette partie de l'île. M. Berthemie craignait assez justement que, le bruit de l'évasion étant répandu, on ne dépéchât quelques barques pour se saisir de nous. Il trouvait notre relâche inopportune ; je soutenais qu'il fallait s'en rapporter à la prudence du patron. Pendant cette discussion, les trois marins que Damian avait enrôlés virent que M. Berthemie, que j'avais fait passer pour mon domestique, soutenait son opinion contre moi sur le pied d'égalité. Ils s'adressèrent alors en ces termes au patron :

« Nous n'avons consenti à prendre part à cette expédition qu'à la condition que l'aide de camp de l'Empereur, renfermé à Belver, ne figurerait pas au nombre des personnes que nous enlèverions. Nous ne voulions nous prêter qu'à la fuite de l'astronome. Puisqu'il en est autrement, il faut que vous laissiez cet officier ici, à moins que vous ne préfériez le jeter à la mer. »

Damian me fit part aussitôt des dispositions impératives de son équipage. M. Berthemie convint avec moi qu'il souffrirait quelques brutalités qui ne pouvaient être tolérées que par un domestique menacé par son maître ; tous les soupçons disparurent.

Damian, qui craignait aussi pour lui-même l'arrivée de quelques pêcheurs mayorquains, s'empressa de mettre à la voile, le 29 juillet 1808, dès le premier moment favorable, et nous arrivâmes à Alger le 3 août.

XXII.

Nos regards se portaient avec anxiété sur le port pour deviner la réception qui nous y attendait. Nous fûmes rassurés par la vue du pavillon tricolore qui flottait sur deux ou trois bâtiments. Mais nous nous trompions ; ces bâtiments étaient hollandais. Dès notre entrée, un Espagnol, que nous prîmes, à son ton d'autorité, pour un fonctionnaire supérieur de la régence, s'approcha de Damian et lui demanda : « Que portez-vous ? — Je porte, répondit le patron, quatre Français. — Vous allez les remporter sur-le-champ ; je vous défends de débarquer. » Comme nous faisions mine de ne pas obtempérer à son ordre, notre Espagnol, c'était l'ingénieur constructeur des navires du dey, s'arma d'une perche, et se mit à nous assommer de coups. Mais, incontinent, un marin génois, monté sur un bateau voisin, s'arma d'un aviron et frappa d'estoc et de taille notre assaillant. Pendant ce combat animé, nous descendîmes à terre sans que personne s'y opposât. Nous avions conçu une singulière idée de la manière dont la police se faisait sur la côte d'Afrique.

Nous nous rendîmes chez le consul de France, M. Dubois-Thainville ; il était à sa campagne. Escortés par le janissaire du consulat, nous nous acheminâmes vers cette campagne, l'une des anciennes résidences du dey, située non loin de la porte de Bab-Azoun. Le consul et sa famille nous reçurent avec une grande aménité et nous donnèrent l'hospitalité.

Transporté subitement sur un continent nouveau, j'attendais avec anxiété le lever du soleil pour jouir de tout ce que l'Afrique devait offrir de curieux à un Européen, lorsque je me crus engagé dans une aventure grave. À la lueur du crépuscule, je vis un animal qui se mouvait au pied de mon lit. Je donnai un coup de pied ; tout mouvement cessa. Après quelque temps, je sentis le même mouvement s'exécuter sous mes jambes ; une brusque secousse le fit cesser aussitôt… J'entendis alors les éclats de rire du janissaire, couché, sur un canapé, dans la même chambre que moi, et je vis bientôt qu'il avait simplement, pour s'amuser de mon inquiétude, placé sur mon lit un gros hérisson.

Le consul s'occupa, le lendemain, de nous procurer le passage sur un bâtiment de la Régence qui devait partir pour Marseille. M. Ferrier, chancelier du consulat français était en même temps consul d'Autriche. Il nous procura deux faux passe-ports qui nous transformaient, M. Berthemie et moi, en deux marchands ambulants, l'un de *Schwekat*, en Hongrie, l'autre de *Leoben*.

XXIII.

Le moment du départ était arrivé ; le 13 août 1808, nous étions à bord ; l'équipage n'était pas encore embarqué. Le capitaine en titre, Raï Braham Ouled Mustapha Goja, s'étant aperçu que le dey était sur sa terrasse, et craignant une punition s'il tardait à mettre à la voile, compléta son équipage aux dépens des curieux qui regardaient sur le môle, et dont la plupart n'étaient pas marins ; ces pauvres gens demandaient en grâce la permission d'aller informer leurs familles de ce départ précipité, et de prendre quelques vêtements. Le capitaine resta sourd à ces réclamations. Nous levâmes l'ancre.

Le navire appartenait à l'émir de Seca, directeur de la Monnaie. Son commandant réel était un capitaine grec, appelé Spiro Calligero. La cargaison consistait en un grand nombre de *groupes*. Parmi les passagers se trouvaient cinq membres de la famille à laquelle les Bakri avaient succédé comme rois des Juifs ; deux marchands de plumes d'autruche, Marocains ; le capitaine Krog, de Berghen en Norvège, qui avait vendu son bâtiment à Alicante ; deux lions que le dey envoyait à l'empereur Napoléon, et un grand nombre de singes. Les premiers jours de notre navigation furent très-heureux. Par le travers de la Sardaigne nous rencontrâmes un bâtiment américain qui sortait de Cagliari. Un coup de canon (nous étions armés de quatorze pièces de petit calibre) avertit le capitaine de venir se faire reconnaître. Il apporta à bord un certain nombre de talons de passeports, dont l'un s'ajusta parfaitement avec celui dont nous étions porteurs. Le capitaine se trouvait ainsi en règle, et ne fut pas médiocrement étonné lorsque je lui ordonnai, au nom du capitaine Braham, de nous fournir du thé, du café et du sucre. Le capitaine américain protesta ; il nous appela brigands, écumeurs de mer, forbans ; le capitaine Braham admit sans difficulté toutes ces qualifications, et n'en persista pas moins à exiger du sucre, du café et du thé.

L'Américain, poussé alors jusqu'au dernier terme de l'exaspération, s'adressant à moi, qui servais d'interprète : « Oh ! coquin de renégat ! s'écria-t-il, si jamais je te rencontre en terre sainte, je ferai sauter ta tête en éclats. — Croyez-vous donc, lui répondis-je, que je sois ici pour mon plaisir, et que, malgré votre menace, je ne m'en irais pas avec vous, si je le pouvais ? » Ces paroles le calmèrent ; il apporta le sucre, le café et le thé réclamés par le chef maure, et nous remîmes à la voile, mais sans nous être donné le *farewell* d'usage.

XXIV.

Nous étions déjà entrés dans le golfe de Lyon, et nous approchions de Marseille, lorsque, le 16 août 1808 nous rencontrâmes un corsaire espagnol de Palamos, armé à la proue de deux canons de 24. Nous fîmes force de voiles ; nous espérions lui échapper ; mais un coup de canon, dont le boulet traversa nos voiles, nous apprit qu'il marchait beaucoup mieux que nous.

Nous obéîmes à une injonction ainsi formulée, et attendîmes la chaloupe du corsaire. Le capitaine déclara qu'il nous faisait prisonniers, quoique l'Espagne fût en paix avec les Barbaresques, sous le prétexte que nous violions le blocus qu'on venait de mettre sur toutes les côtes de France ; il ajouta qu'il allait nous mener à Rosas, et que là les autorités décideraient de notre sort.

J'étais dans la chambre du bâtiment ; j'eus la curiosité de regarder furtivement l'équipage de la chaloupe, et j'y aperçus, avec un déplaisir que tout le monde concevra, un des matelots du mistic commandé par don Manuel de Vacaro, le nommé Pablo Blanco, de Palamos, qui m'avait souvent servi de domestique pendant mes opérations géodésiques. Mon faux passe-port devenait dès ce moment inutile, si Pablo me reconnaissait. Je me couchai aussitôt, j'enveloppai ma tête dans ma couverture, et je ne bougeai pas plus qu'une statue.

Dans les deux jours qui s'écouleront entre notre capture et notre entrée dans la rade de Rosas, Pablo, que la curiosité conduisait souvent dans la chambre, s'écriait « Voilà un passager dont je n'ai pas encore réussi à voir la figure. »

Lorsque nous fûmes arrivés à Rosas, on décida que nous serions mis en quarantaine dans un moulin à vent démantelé, situé sur la route qui conduit à Figueras. J'eus le soin de m'embarquer sur une chaloupe à laquelle Pablo n'appartenait pas. Le corsaire partit pour une nouvelle croisière, et je fus un moment débarrassé des préoccupations que me donnait mon ancien domestique.

XXV.

Notre bâtiment était richement chargé ; les autorités espagnoles désiraient dès lors beaucoup le déclarer de bonne prise ; ils firent semblant de croire que j'en étais le propriétaire, et voulurent, pour brusquer les choses, m'interroger, même sans attendre la fin de la quarantaine. On tendit deux cordes entre le moulin et la plage, et un juge se plaça en face de moi. Comme l'interrogatoire se faisait de très-loin, le nombreux public qui nous entourait prenait une part directe aux questions et aux réponses. Je vais essayer de reproduire ce dialogue avec toute la fidélité possible :

« Qui êtes-vous ?

— Un pauvre marchand ambulant.

— D'où êtes-vous ?

— D'un pays où certainement vous n'avez jamais été.

— Enfin, quel est ce pays ? »

Je craignais de répondre, car les passe-ports, trempés dans le vinaigre, étaient dans les mains du juge instructeur, et j'avais oublié si j'étais de Schwekat ou de Leoben. Je répondis, enfin, à tout hasard :

« Je suis de Schwekat. »

Et cette indication se trouvait heureusement conforme à celle du passe-port.

« Vous êtes de Schwekat comme moi me répondit le juge. Vous êtes espagnol, et même espagnol du royaume de Valence, comme je le vois à votre accent.

— Vous allez me punir, Monsieur, de ce que la nature m'a donné le don des langues. J'apprends avec facilité les dialectes des contrées où je vais exercer mon commerce : j'ai appris, par exemple, le dialecte d'Iviza.

— Eh bien, vous serez pris au mot... J'aperçois ici un soldat d'Iviza ; vous allez lier conversation avec lui.

— J'y consens ; je vais même chanter la chanson des chèvres. »

Les vers de ce chant (si vers il y a) sont séparés de deux en deux par une imitation du bêlement de la chèvre.

Je me mis aussitôt, avec une audace dont je suis actuellement étonné, à entonner cet air chanté par tous les bergers de l'île :

Ah graciada señora
Una canzo boull canta
   Bè bè bè bè.
No sera gaira pulida,
Nosé si vos agradara
   Bè bè bè bè.

Voilà mon Ivizanero, pour qui cet air faisait l'effet du ranz des vaches sur les Suisses, déclarant, tout en pleurs, que je suis originaire d'Iviza.

Je dis alors au juge que s'il veut me mettre en contact avec une personne sachant la langue française, on arrivera à une solution tout aussi embarrassante. Un officier émigré, du régiment de Bourbon, s'offre incontinent pour faire l'expérience, et, après quelques phrases échangées entre nous, affirme sans hésiter que je suis Français.

Le juge, impatienté, s'écrie : « Mettons fin à ces épreuves qui ne décident rien. Je vous somme, Monsieur, de me dire qui vous êtes. Je vous promets la vie sauve si vous me répondez avec sincérité.

— Mon plus grand désir serait de vous faire une réponse qui vous satisfît. Je vais donc essayer ; mais je vous préviens que je ne vais pas dire la vérité. Je suis le fils de l'aubergiste de Mataró.

— Je connais cet aubergiste : vous n'êtes pas son fils.

— Vous avez raison. Je vous ai annoncé que je varierais mes réponses jusqu'à ce qu'il y en eût une qui vous convînt. Je reprends donc, et je vous dis que je suis un *titiritero* (joueur de marionnettes), et que j'exerçais à Lerida. »

Un énorme éclat de rire de tout le public qui nous entourait accueillit cette réponse, et mit fin aux questions.

« Je jure par le diable, s'écria le juge, que je découvrirai tôt ou tard qui vous êtes ! »

Et il se retira.

XXVI.

Les Arabes, les Marocains, les Juifs, témoins de cet interrogatoire, n'y avaient rien compris ; ils avaient vu seulement que je ne m'étais pas laissé intimider. À la fin de l'entretien, ils vinrent me baiser la main, et m'accordèrent, dès ce moment, leur entière confiance.

Je devins leur secrétaire pour toutes les réclamations individuelles ou collectives qu'ils se croyaient en droit d'adresser au gouvernement espagnol ; et ce droit était incontestable. Tous les jours j'étais occupé à rédiger des pétitions, surtout au nom des deux marchands de plumes d'autruche, dont l'un se disait assez proche parent de l'empereur de Maroc. Émerveillé de la rapidité avec laquelle je remplissais une page de mon écriture, ils imaginèrent sans doute que j'écrirais aussi vite en caractères arabes, lorsqu'il s'agirait de transcrire les passages du Koran ; que ce serait là pour moi et pour eux la source d'une brillante fortune, et ils me sollicitèrent, à mains jointes, de me faire mahométan.

Très-peu rassuré par les dernières paroles du juge instructeur, je cherchai momentanément mon salut d'un autre côté.

J'étais possesseur d'un sauf-conduit de l'amirauté anglaise ; j'écrivis donc une lettre confidentielle au capitaine d'un vaisseau anglais, *l'Aigle*, je crois, qui avait jeté l'ancre depuis quelques jours dans la rade de Rosas. Je lui expliquai ma position. « Vous pouvez, lui disais-je, me réclamer, puisque j'ai un passe-port anglais. Si cette démarche vous coûte trop, ayez la bonté de prendre mes manuscrits et de les envoyer à la *Société royale* de Londres. »

Un des soldats qui nous gardaient et à qui j'avais eu le bonheur d'inspirer quelque intérêt, se chargea de remettre ma lettre. Le capitaine anglais vint me voir ; il s'appelait, si j'ai bonne mémoire, George Eyre. Nous eûmes une conversation particulière sur le bord de la plage. George Eyre croyait peut-être que les manuscrits de mes observations étaient contenus dans un registre relié en maroquin et doré sur tranche. Lorsqu'il vit que ces manuscrits se composaient de feuilles isolées, couvertes de chiffres, que j'avais cachées sous ma chemise, le dédain succéda à l'intérêt, et il me quitta brusquement. Revenu à son bord, il m'écrivit une lettre que je retrouverais au besoin, et dans laquelle il me disait : « Je ne puis pas me mêler de votre affaire. Adressez-vous au gouvernement espagnol ; j'ai la persuasion qu'il fera droit à votre réclamation, et ne vous molestera pas. » Comme je n'avais pas la même *persuasion* que le capitaine George Eyre, je pris le parti de ne tenir aucun compte de ses conseils.

Quelque temps après, je dois dire qu'ayant raconté ces détails en Angleterre, chez sir Joseph Banks, la conduite de George Eyre fut sévèrement blâmée ; mais, lorsqu'on déjeune et dîne au son d'une musique harmonieuse, peut-on accorder son intérêt à un pauvre diable couché sur la paille et rongé de vermine, eût-il des manuscrits sous sa chemise ? Je puis ajouter que j'eus le malheur d'avoir affaire à un capitaine d'un caractère exceptionnel. Quelques jours plus tard, en effet, un nouveau vaisseau, *le Colossus*, étant arrivé en rade, et le capitaine norvégien Krog, quoiqu'il n'eût pas comme moi de passe-port de l'amirauté, s'étant adressé au commandant de ce nouveau bâtiment, fut immédiatement réclamé, et arraché à notre captivité.

Le bruit que j'étais un Espagnol transfuge et propriétaire du bâtiment s'accréditant de plus en plus, et cette position étant la plus dangereuse de toutes, je résolus d'en sortir. Je priai le commandant de la place, M. Alloy, de venir recevoir ma déclaration, et je lui annonçai que j'étais Français. Pour lui prouver la vérité de mes paroles, je l'invitai à faire venir Pablo Blanco, matelot embarqué sur le corsaire qui nous avait pris, et qui était depuis peu de temps rentré de sa croisière. Cela fut fait ainsi que je le désirais. En descendant sur la plage, Pablo Blanco, qui n'avait pas été prévenu, s'écria avec surprise : « Quoi ! vous, don Francisco, mêlé à tous ces mécréants ! » Ce matelot donna au gouverneur des renseignements circonstanciés sur la mission que je remplissais avec deux commissaires espagnols. Ma nationalité se trouvait ainsi constatée.

Le jour même, Alloy fut remplacé dans le commandement de la forteresse par le colonel irlandais du régiment d'Ultonia ; le corsaire partit pour une nouvelle croisière, emmenant Pablo Blanco, et je redevins le marchand ambulant de Schwekat.

Du moulin à vent où nous faisions notre quarantaine, je voyais flotter le pavillon tricolore sur la forteresse de Figueras. Des reconnaissances de cavalerie venaient quelquefois jusqu'à la distance de cinq à six cents mètres ;

il ne m'eût donc pas été très-difficile de m'échapper. Cependant, comme les règlements contre ceux qui violent les lois sanitaires sont très-rigoureuses en Espagne, comme ils prononcent la peine de mort contre celui qui les enfreint, je ne me déterminai à m'évader que la veille de notre entrée en libre pratique.

La nuit étant venue, je me glissai à quatre pattes le long des broussailles, et j'eus bientôt dépassé la ligne des sentinelles qui nous gardaient. Une rumeur bruyante que j'entendis parmi les Maures me détermina à rentrer, et je trouvai ces pauvres gens dans un état d'inquiétude indicible : ils se croyaient perdus, si je partais ; je restai donc.

Le lendemain, un fort piquet de troupes se présenta devant le moulin. Les manœuvres qu'il faisait nous inspirèrent à tous des inquiétudes, notamment au capitaine Krog : « Que veut-on faire de nous ?... s'écria-t-il. — Hélas ! vous ne le verrez que trop tôt, » répliqua l'officier espagnol. Cette réponse fit croire à tout le monde qu'on allait nous fusiller. Ce qui aurait pu me fortifier dans cette idée, c'était l'obstination que le capitaine Krog et deux autres individus de petite taille mettaient à se cacher derrière moi. Un maniement d'armes nous fit penser que nous n'avions plus que quelques secondes à vivre.

En analysant les sensations que j'éprouvai dans cette circonstance solennelle, je suis arrivé à me persuader qu'un homme que l'on conduit à la mort n'est pas aussi malheureux que le public se l'imagine. Cinquante idées se présentaient presque simultanément à mon esprit, et je n'en creusais aucune ; je me rappelle seulement les deux suivantes, qui sont restées gravées dans mon souvenir : en tournant la tête vers ma droite, j'apercevais le drapeau national flottant sur les bastions de Figueras, et je me disais : « Si je me déplaçais de quelques centaines de mètres, je serais entouré de camarades, d'amis, de concitoyens, qui me serreraient affectueusement les mains ; ici, sans qu'on puisse m'imputer aucun crime, je vais, à vingt-deux ans, recevoir la mort. Mais voici ce qui m'émut le plus profondément : en regardant les Pyrénées, j'en voyais distinctement les pics, et je réfléchis que ma mère, de l'autre côté de la chaîne, pouvait en ce moment suprême les regarder paisiblement.

XXVIII.

Les autorités espagnoles, reconnaissant que pour racheter ma vie je ne me déclarais pas le propriétaire du bâtiment, nous firent conduire, sans autre molestation, à la forteresse de Rosas. Ayant à défiler devant presque tous les habitants de la ville, j'avais d'abord voulu, par un sentiment de fausse honte, laisser dans le moulin les restes de nos repas de la semaine. Mais M. Berthemie, plus prévoyant que moi, portait sur l'épaule une grande quantité de morceaux de pain noir passés dans une ficelle ; je l'imitai ; je me munis bravement de notre vieille marmite, la mis sur mon épaule, et c'est dans cet accoutrement que je fis mon entrée dans la fameuse forteresse.

On nous plaça dans une casemate où nous avions à peine l'espace nécessaire pour nous coucher. Dans le moulin à vent, on nous apportait, de temps en temps, quelques provisions venant de notre navire. Ici, le gouvernement espagnol pourvoyait à notre nourriture ; nous recevions tous les jours du pain et une ration de riz ; mais, comme nous n'avions aucun moyen de cuisson, nous étions en réalité réduits au pain sec.

Le pain sec était une nourriture bien peu substantielle pour qui voyait à la porte de sa prison, de sa casemate, une vivandière vendant des raisins à deux liards la livre et faisant cuire, à l'abri d'un demi-tonneau, du lard et des harengs ; mais nous n'avions pas d'argent pour nous mettre en rapport avec cette marchande. Je me décidai alors, quoique avec un très-grand regret, à vendre une montre que mon père m'avait donnée. On m'en offrit à peu près le quart de sa valeur ; il fallut bien accepter, puisqu'il n'y avait pas de concurrents.

Possesseurs de soixante francs, nous pûmes, M. Berthemie et moi, assouvir la faim dont nous souffrions depuis longtemps ; mais nous ne voulûmes pas que ce retour de fortune ne profitât qu'à nous seuls, et nous fîmes des libéralités qui furent très-bien accueillies par nos compagnons de captivité. Si cette vente de ma montre nous apportait quelque soulagement, elle devait plus tard plonger une famille dans la douleur.

La ville de Rosas tomba au pouvoir des Français, après une courageuse résistance. La garnison prisonnière fut envoyée en France, et passa naturellement à Perpignan. Mon père, en quête de nouvelles, allait partout où des Espagnols se trouvaient réunis. Il entra dans un café au moment où un officier prisonnier tirait de son gousset la montre que j'avais vendue à Rosas. Mon bon père vit dans ce fait la preuve de ma mort et tomba évanoui. L'officier tenait la montre de troisième main, et ne put donner aucun détail sur le sort de la personne à qui elle avait appartenu.

XXIX.

La casemate étant devenue nécessaire aux défenseurs de la forteresse, on nous transporta dans une petite chapelle où l'on déposait pendant vingt-quatre heures les morts de l'hôpital. Là, nous étions gardés par des paysans venus, à travers la montagne, de divers villages et particulièrement de Cadaquès. Ces paysans, très-empressés de raconter ce qu'ils avaient vu de curieux pendant leur campagne d'un jour, me questionnaient sur les faits et gestes de tous mes compagnons d'infortune. Je satisfaisais amplement leur curiosité, étant le seul de la troupe qui sût parler l'espagnol.

Pour capter leur bienveillance, je les questionnais moi-même longuement sur ce qu'était leur village, sur les travaux qu'on y exécutait, sur la contrebande, leur principale industrie, etc., etc. Ils répondaient à mes questions avec la loquacité ordinaire aux campagnards. Le lendemain, nos gardiens étaient remplacés par d'autres habitants du même village. « En ma qualité de marchand ambulant, dis-je à ces derniers, j'ai été jadis à Cadaquès, » et me voilà leur parlant de ce que j'avais appris la veille, de tel individu, qui se livrait à la contrebande avec plus de succès que les autres, de sa belle habitation, des propriétés qu'il possédait près du village, enfin d'une foule de particularités qui ne semblaient pouvoir être connues que d'un habitant de Cadaquès. Ma plaisanterie produisit un effet inattendu. Des détails si circonstanciés, se dirent nos gardiens, ne peuvent pas être connus d'un marchand ambulant ; ce personnage que nous trouvons ici, dans une si singulière société, est certainement originaire de Cadaquès ; et le fils de l'apothicaire doit avoir à peu près son âge. Il était allé en Amérique tenter la fortune : c'est évidemment lui qui craint de se faire connaître, ayant été rencontré avec toutes ses richesses sur un bâtiment qui se rendait en France. Le bruit grandit, prend de la consistance, et parvient aux oreilles d'une sœur de l'apothicaire, établie à Rosas. Elle accourt, croit me reconnaître et me saute au cou. Je proteste contre l'identité : « Bien joué ! me dit-elle ; le cas est grave, puisque vous avez été trouvé sur un bâtiment qui se rendait en France ; persistez toujours dans vos dénégations ; les circonstances deviendront peut-être plus favorables, et j'en profiterai pour assurer votre délivrance. En attendant, mon cher neveu, je ne vous laisserai manquer de rien. Et, en effet, nous recevions, tous les matins, M. Berthemie et moi, un repas confortable.

XXX.

L'église étant devenue nécessaire à la garnison pour en faire un magasin, on nous transporta, le 25 septembre 1808, dans un fort de la Trinité, dit le *Bouton de Rosas*, citadelle située sur un monticule à l'entrée de la rade, et nous fûmes déposés dans un souterrain profond, où la lumière du jour ne pénétrait d'aucun côté. Nous ne restâmes pas longtemps dans ce lieu infect ; non parce qu'on eut pitié de nous, mais parce qu'il offrit un refuge à une partie de la garnison attaquée par les Français. On nous fit descendre la nuit jusqu'au bord de la mer, et l'on nous transporta, le 17 octobre, au port de Palamos. Nous fûmes renfermés dans un ponton ; nous jouissions cependant d'une certaine liberté ; on nous laissait aller à terre pendant quelques heures et promener nos misères et nos haillons dans la ville. C'est là que je fis la connaissance de la duchesse douairière d'Orléans, mère de Louis-Philippe. Elle avait quitté la ville de Figueras, où elle résidait, parce que, me dit-elle, trente-deux bombes, parties de la forteresse, étaient tombées dans son habitation. Elle avait alors le projet de se réfugier à Alger, et elle me demanda de lui amener le capitaine du bâtiment dont elle aurait peut-être à invoquer la protection. Je racontai à mon raïs les malheurs de la princesse ; il en fut ému, et je le conduisis chez elle. En entrant, il ôta par respect ses babouches, comme s'il avait pénétré dans une mosquée, et, les tenant à la main, il alla baiser un pan de la robe de madame d'Orléans. La princesse fut effrayée à l'aspect de cette mâle figure portant la plus longue barbe que j'aie jamais vue ; elle se remit bientôt, et tout se passa avec un mélange de politesse française et de courtoisie orientale.

Les soixante francs de Rosas étaient dépensés. Madame d'Orléans aurait bien voulu nous venir en aide ; mais elle était elle-même sans argent. Tout ce dont elle put nous gratifier fut un morceau de sucre en pain. Le soir de notre visite, j'étais plus riche que la princesse. Pour soustraire à la fureur du peuple les Français qui avaient échappé aux premiers massacres, le gouvernement espagnol les renvoyait en France sur de frêles bâtiments. L'un des *cartels* vint jeter l'ancre à côté de notre ponton. Un des malheureux expatriés me reconnut et m'offrit une prise de tabac. En ouvrant la tabatière, j'y trouvai *una onza de oro* (une once d'or), l'unique débris de sa fortune. Je lui remis cette tabatière, avec force remerciements, après y avoir renfermé un papier contenant ces mots : « Le compatriote porteur de ce billet m'a rendu un grand service ; traitez-le comme un de vos enfants. » Ma demande, comme de raison, fut exaucée ; c'est par ce morceau de papier, grand comme la *onza de oro*, que ma famille apprit que j'existais encore, et que ma mère, modèle de piété, put cesser de faire dire des messes pour le repos de mon âme.

Cinq jours après, un de mes hardis compatriotes arrivait à Palamos, après avoir traversé les lignes des postes français et espagnols en présence, portant à un négociant qui avait des amis à Perpignan l'invitation de me fournir tout ce dont j'aurais besoin. L'Espagnol se montra très-disposé à déférer à l'invitation ; mais je ne profitai pas de sa bonne volonté, à cause des événements que je rapporterai tout à l'heure.

L'Observatoire de Paris est très-près de la barrière : dans ma jeunesse, curieux d'étudier les mœurs du peuple, j'allais me promener en vue de ces cabarets que le besoin de se soustraire au paiement de l'octroi a multipliés hors des murs de la capitale ; dans mes courses, j'étais souvent humilié de voir des hommes se disputer un morceau de pain, comme l'eussent fait des animaux. Mes sentiments ont bien changé à ce sujet depuis que j'ai été personnellement en butte aux tortures de la faim. J'ai reconnu, en effet, qu'un homme, quelles qu'aient été son origine, son éducation et ses habitudes, se laisse gouverner, dans certaines circonstances, bien plus par son estomac que par son intelligence et son cœur. Voici le fait qui m'a suggéré ces réflexions.

Pour fêter l'arrivée inespérée d'*una onza de oro*, nous nous étions procuré, M. Berthemie et moi, un immense plat de pommes de terre ; l'officier d'ordonnance de l'empereur le dévorait déjà du regard, quand un Marocain qui faisait ses ablutions près de nous avec un de ses compagnons, le remplit involontairement d'ordures. M. Berthemie ne put maîtriser sa colère, s'élança sur le maladroit Musulman, et lui infligea une rude punition.

Je restais spectateur impassible du combat, lorsque le second Marocain vint au secours de son compatriote. La partie n'étant plus égale, je pris moi-même part à la lutte, en saisissant le nouvel assaillant par la barbe. Le combat cessa à l'instant parce que le Marocain ne voulut pas porter la main sur un homme qui écrivait si rapidement une pétition. Le conflit, comme les luttes dont j'avais été souvent témoin hors des barrières de Paris, n'en avait pas moins eu pour cause un plat de pommes de terre.

XXXI.

Les Espagnols caressaient toujours l'idée que le bâtiment et sa cargaison pourraient être confisqués ; une commission vint de Girone pour nous interroger. Elle se composait de deux juges civils et d'un inquisiteur. Je servais d'interprète. Lorsque le tour de M. Berthemie fut arrivé, j'allai le chercher, et lui dis « Faites semblant de parler styrien, et soyez tranquille, je ne vous compromettrai pas en traduisant vos réponses. »

Il fut fait ainsi qu'il avait été convenu ; malheureusement la langue que parlait M. Berthemie était très-peu variée, et les *sacrement der teufel* qu'il avait appris en Allemagne lorsqu'il était aide de camp de d'Hautpoul, dominaient trop dans ses discours. Quoi qu'il en soit, les juges reconnurent qu'il y avait une trop grande conformité entre ses réponses et celles que j'avais faites moi-même pour qu'il fût nécessaire de continuer un interrogatoire qui, pour le dire en passant, m'inquiétait beaucoup. Le désir de le terminer fut encore plus vif de la part des juges, lorsque arriva le tour d'un matelot, nommé Méhémet. Au lieu de le faire jurer sur le Koran de dire la vérité, le juge s'obstina à lui faire placer le pouce sur l'index de manière à figurer la croix. Je l'avertis qu'il allait en résulter un grand scandale ; et, en effet, lorsque Méhémet s'aperçut de la signification de ce signe, il se mit à cracher dessus avec une inconcevable violence. La séance fut levée incontinent.

Le lendemain, les choses avaient totalement changé de face ; un des juges de Girone vint nous déclarer que nous étions libres de partir, et de nous rendre avec notre bâtiment où bon nous semblerait. Quelle était la cause de ce brusque revirement ? La voici.

Pendant notre quarantaine dans le moulin à vent de Rosas, j'avais écrit, au nom du capitaine Braham, une lettre au dey d'Alger. Je lui rendais compte de l'arrestation illégale de son bâtiment et de la mort d'un des lions que le dey envoyait à l'Empereur. Cette dernière circonstance transporta de fureur le monarque africain. Il manda sur-le-champ le consul d'Espagne, M. Onis, réclama des dédommagements pécuniaires pour son cher lion, et menaça de la guerre si l'on ne relâchait pas sur-le-champ son bâtiment. L'Espagne avait alors à pourvoir à trop de difficultés pour s'en mettre, de gaieté de cœur, une nouvelle sur les bras, et l'ordre de relâcher le navire si vivement convoité arriva à Girone et de là à Palamos.

XXXII.

Cette solution à laquelle notre consul d'Alger, M. Dubois Thainville, n'était pas resté étranger, nous parvint au moment où nous nous y attendions le moins. Nous fîmes sur-le-champ nos préparatifs de départ, et, le 28 novembre 1808, nous mîmes à la voile le cap sur Marseille. Mais il était écrit là-haut, comme disaient les Musulmans à bord du navire, que nous n'entrerions pas dans cette ville. Nous apercevions déjà les bâtisses blanches qui couronnent les collines voisines de Marseille, lorsqu'un coup de mistral d'une violence extrême nous poussa du nord au sud.

Je ne sais quelle route nous suivîmes, car j'étais couché dans la chambre, abîmé par le mal de mer ; je puis donc, quoique astronome, avouer sans honte qu'au moment où nos inhabiles pilotes se prétendaient par le travers des Baléares, nous abordions, le 5 décembre, à Bougie.

Là on prétendit que pendant les trois mois d'hivernage toute communication avec Alger, par les petites barques nommées *sandales*, serait impossible, et je me résignai à la pénible perspective d'un si long séjour dans un lieu alors presque désert. Un soir, je promenais mes tristes réflexions sur le pont du navire, lorsqu'un coup de fusil parti de la côte vint frapper le bordage à côté duquel je passais. Ceci me suggéra la pensée de me rendre à Alger par terre.

J'allai le lendemain, accompagné de M. Berthemie et du capitaine Spiro Calligero, chez le caïd de la ville : « Je veux, lui dis-je, me rendre à Alger par terre. » Cet homme, tout effrayé, s'écria : « Je ne puis vous le permettre ; vous seriez certainement tué en route ; votre consul porterait plainte au dey, et je serais décapité.

— Qu'à cela ne tienne ! Je vais vous donner une décharge. »

Elle fut immédiatement rédigée en ces termes :

« Nous, soussignés, certifions que le caïd de Bougie a voulu nous détourner de nous rendre à Alger par terre ; qu'il nous a assuré que nous serions massacrés en route ; que, malgré ses représentations vingt fois renouvelées, nous avons persisté dans notre projet. Nous prions les autorités algériennes, particulièrement notre consul de ne pas le rendre responsable de cet événement, s'il arrive. Nous le répétons de nouveau, c'est contre son gré que le voyage a été entrepris.

« *Signé* : ARAGO et BERTHEMIE. »

Cette déclaration remise au caïd, nous croyions être quittes envers ce fonctionnaire ; mais il s'approcha de moi, défit, sans mot dire, le nœud de ma cravate, la détacha et la mit dans sa poche. Tout cela se fit si vite, que je n'eus pas le temps, je dirai même que je n'eus pas l'envie de réclamer.

Au sortir de cette audience, terminée d'une manière si singulière, nous fîmes marché avec un marabout qui nous promit de nous conduire à Alger pour la somme de vingt piastres fortes et un manteau rouge. La journée fut employée à nous déguiser tant bien que mal, et nous partîmes le lendemain matin, accompagnés de plusieurs matelots maures appartenant à l'équipage du bâtiment, et après avoir montré au marabout que nous n'avions pas un sou vaillant ; en sorte que, si nous étions tués sur la route, il perdrait inévitablement tout salaire.

J'étais allé, au dernier moment, prendre congé du seul lion qui fût encore vivant, et avec lequel j'avais vécu en très-bonne harmonie ; je voulais aussi faire mes adieux aux singes qui, pendant près de cinq mois, avaient été également mes compagnons d'infortune[3]. Ces singes, dans notre affreuse misère, nous avaient rendu un service que j'ose à peine mentionner, et dont ne se doutent guère les habitants de nos cités, qui prennent ces animaux comme objet de divertissement : ils nous délivraient de la vermine qui nous rongeait, et montraient particulièrement une habileté remarquable à chercher les hideux insectes qui se logeaient dans nos cheveux.

Pauvres animaux, ils me paraissaient bien malheureux d'être renfermés dans l'étroite enceinte du bâtiment, lorsque, sur la côte voisine, leurs pareils, comme pour les narguer, venaient sur les branches des arbres faire des preuves sans nombre d'agilité.

Au commencement de la journée nous vîmes sur la route deux Kabyles, semblables à des soldats de Jugurtha, et dont la mine rébarbative tempéra assez fortement notre humeur vagabonde. Le soir, nous fûmes témoins d'un tumulte effroyable qui semblait dirigé contre nous. Nous sûmes plus tard que le marabout en avait été l'objet, de la part de quelques Kabyles que, dans un de leurs voyages à Bougie, il avait fait désarmer. Cet incident, qui semblait devoir se renouveler, nous inspira un moment la pensée de rétrograder ; mais les matelots insistèrent, et nous continuâmes notre hasardeuse entreprise.

À mesure que nous avancions, notre troupe s'augmentait d'un certain nombre de Kabyles, qui voulaient se rendre à Alger, pour y travailler en qualité de manœuvres, et qui n'osaient entreprendre seuls ce dangereux voyage.

Le troisième jour, nous campâmes à la belle étoile, à l'entrée d'un fourré. Les Arabes allumèrent un très-grand feu disposé en cercle, et se placèrent au milieu. Vers les onze heures, je fus réveillé par le bruit que faisaient les mules, essayant toutes de rompre leurs liens. Je demandai quelle était la cause de ce désordre. On me répondit qu'un *sebâá* était venu rôder dans le voisinage. J'ignorais alors qu'un *sebâá* fût un lion, et je me rendormis. Le lendemain, en traversant le fourré, la disposition de la caravane était changée : on l'avait massée dans le plus petit espace possible ; un Kabyle était en tête, le fusil en joue ; un autre en queue, dans la même posture. Je m'enquis, auprès du propriétaire de ma mule, de la cause de ces précautions inusitées ; il me répondit qu'on craignait l'attaque d'un *sebâá*, et que, si la chose arrivait, l'un de nous serait emporté avant qu'on eût eu le temps de se mettre en défense. « Je voudrais, lui dis-je, être spectateur, et non acteur, dans la scène que vous m'annoncez ; en conséquence, je vous donnerai deux piastres de plus, si vous maintenez toujours votre mule au centre du groupe mobile. » Ma proposition fut acceptée. C'est alors, pour la première fois, que je vis que mon Arabe portait sous sa tunique un yatagan, dont il se servit pour piquer sa mule pendant tout le temps que nous fûmes dans le fourré. Soins superflus ! le *sebââ* ne se montra pas.

Chaque village étant une petite république dont nous ne pouvions traverser le territoire sans obtenir la permission et un passe-port du marabout *président*, le marabout conducteur de notre caravane nous abandonnait dans les champs et s'en allait quelquefois dans un village assez éloigné solliciter la permission sans laquelle il eût été dangereux de continuer notre route. Il restait des heures entières sans revenir, et nous avions alors l'occasion de réfléchir tristement sur l'imprudence de notre entreprise. Nous couchions ordinairement au milieu des habitations. Une fois, nous trouvâmes les rues d'un village barricadées, parce qu'on y craignait l'attaque d'un village voisin. L'avant-garde de notre caravane écarta les obstacles ; mais une femme sortit de sa maison comme une furie et nous assomma de coups de perches. Nous remarquâmes qu'elle était blonde, d'une blancheur éclatante, et fort jolie.

Une autre fois, nous couchâmes dans une cachette décorée du beau nom de caravansérail. Le matin, au lever du soleil, les cris de *Roumi ! Roumi !* nous apprirent que nous avions été reconnus. Le matelot Méhémet, celui de la scène du serment de Palamos, entra tristement dans le bouge où nous étions réunis, et nous fit comprendre que les cris de *Roumi !* vociférés dans cette circonstance, étaient l'équivalent d'une condamnation à mort. « Attendez, dit-il, il me vient à l'idée un moyen de vous sauver. » Méhémet rentra quelques moments après, nous dit que son moyen avait réussi et m'invita à me joindre aux Kabyles, qui allaient faire la prière.

Je sortis en effet, et me prosternant vers l'orient, j'imitai servilement les gestes que je voyais faire autour de moi, en prononçant les paroles sacramentelles : *La etah ill' Allah ! oua Mohammed raçoul Allah !* C'était la scène du Mamamouchi du *Bourgeois gentilhomme*, que j'avais vu jouer si souvent par Dugazon, avec la seule différence que, cette fois, elle ne me faisait pas rire. J'ignorais cependant la conséquence qu'elle pouvait avoir pour moi, à mon arrivée à Alger. Après avoir fait la profession de foi devant des mahométans : *Il n'y a qu'un Dieu, et Mahomet est son prophète*, si j'avais été dénoncé au muphti, je serais devenu inévitablement musulman, et on ne m'aurait pas permis de sortir de la Régence.

Je ne dois pas oublier de raconter par quel moyen Méhémet nous avait sauvés d'une mort inévitable. « Vous avez deviné juste, dit-il aux Kabyles : il y a deux chrétiens dans le caravansérail, mais ils sont mahométans de cœur, et vont à Alger pour se faire affilier par le muphti à notre sainte religion. Vous n'en douterez pas, lorsque je vous dirai que j'étais, moi, esclave chez les chrétiens, et qu'ils m'ont racheté de leurs deniers. — In cha Allah ! » s'écria-t-on tout d'une voix. Et c'est alors qu'eut lieu la scène que je viens de décrire.

Nous arrivâmes en vue d'Alger, le 25 décembre 1808. Nous prîmes congé des Arabes propriétaires de nos mules, qui marchaient à pied à côté de nous, et nous piquâmes des deux, afin d'atteindre la ville avant la fermeture des portes. En arrivant, nous apprîmes que le dey, à qui nous devions notre première délivrance, avait été décapité. La garde du palais, devant laquelle nous passâmes, nous arrêta, en nous demandant d'où nous venions. Nous répondîmes que nous venions de Bougie, par terre. « Ce n'est pas possible ! s'écrièrent les janissaires tout d'une voix ; le dey lui-même n'oserait pas entreprendre un pareil voyage ! — Nous reconnaissons que nous avons fait une grande imprudence ; nous ne recommencerions pas ce voyage, nous donnât-on un million ; mais le fait que nous venons de déclarer est de la plus stricte vérité. »

Arrivés à la maison consulaire, nous fûmes, comme la première fois, reçus très-cordialement ; nous eûmes la visite d'un drogman envoyé par le dey, qui demanda si nous persistions à soutenir que Bougie avait été notre point de départ, et non le cap Matifou, ou quelque lieu voisin. Nous affirmâmes de nouveau la réalité de notre récit ; il fut confirmé, le lendemain, à l'arrivée des propriétaires de nos mules.

XXXIII.

À Palamos, pendant les divers entretiens que j'eus avec la duchesse douairière d'Orléans, une circonstance m'avait particulièrement ému. La princesse me parlait sans cesse du désir qu'elle avait d'aller rejoindre un de ses fils qu'elle croyait plein de vie, et dont cependant j'avais appris la mort par une personne de sa maison ; j'étais donc disposé à faire tout ce qui dépendrait de moi pour adoucir un malheur qu'elle ne pouvait tarder à connaître.

Au moment où je quittai l'Espagne pour Marseille, la duchesse me confia deux lettres que je devais faire parvenir à leur adresse. L'une était destinée à l'impératrice mère, de Russie, l'autre à l'impératrice d'Autriche.

À peine arrivé à Alger, je parlai de ces deux lettres à M. Dubois-Thainville, et le priai de les envoyer en France par la première occasion. « Je n'en ferai rien, me répondit-il aussitôt. Savez-vous que vous vous êtes comporté dans cette circonstance comme un jeune homme sans expérience, tranchons le mot, comme un étourdi ? Je m'étonne que vous n'ayez pas compris que l'Empereur, avec son esprit quinteux, pourrait prendre ceci en fort mauvaise part, et vous considérer, suivant le contenu des deux lettres, comme le fauteur d'une intrigue en faveur de la famille exilée des Bourbons. » Ainsi, les conseils paternels du consul de France m'apprirent que, pour tout ce qui touche de près ou de loin à la politique, on ne peut s'abandonner sans danger aux inspirations de son cœur et de sa raison.

J'enfermai mes deux lettres dans une enveloppe, portant l'adresse d'une personne de confiance, et je les remis aux mains d'un corsaire qui, après avoir touché à Alger, se rendait en France. Je n'ai jamais su si elles parvinrent.

XXXIV.

Le dey régnant, successeur du dey décapité, remplissait antérieurement dans les mosquées l'humble office d'épileur de corps morts. Il gouvernait la Régence avec assez de douceur, ne s'occupant guère que de son harem. Cela dégoûta ceux qui l'avaient élevé à ce poste éminent, et ils résolurent de s'en défaire. Nous fûmes informés du danger qui le menaçait en voyant les cours et les vestibules de la maison consulaire se remplir, suivant l'usage en pareil cas, de juifs portant avec eux ce qu'ils avaient de plus précieux. Il était de règle, à Alger, que tout ce qui se passait dans l'intervalle compris entre la mort du dey et l'intronisation de son successeur ne pouvait pas être poursuivi en justice et restait impuni. On conçoit dès lors comment les fils de Moïse cherchaient leur sûreté dans les maisons consulaires, dont les habitants européens avaient le courage de s'armer pour se défendre dès que le danger était signalé, et qui, d'ailleurs, avaient un janissaire pour les garder.

Tandis que le malheureux dey épileur était conduit vers le lieu où il devait être étranglé, il entendit le canon qui annonçait sa mort et l'installation de son successeur. « On se presse bien, dit-il que gagnerez-vous à pousser les choses à bout ? Envoyez-moi dans le Levant ; je vous promets de ne jamais revenir. Qu'avez-vous à me reprocher ? — Rien, répondit son escorte, si ce n'est votre nullité. Au reste, on ne peut pas vivre en simple particulier quand on a été dey d'Alger. » Et le malheureux expira par la corde.

XXXV.

Les communications par mer entre Bougie et Alger n'étaient pas aussi difficiles, même avec des *sandales*, que le caïd de cette première ville avait bien voulu me l'assurer. Le capitaine Spiro fit débarquer des caisses qui m'appartenaient ; le caïd chercha à découvrir ce qu'elles renfermaient ; et, ayant aperçu par une fente quelque chose de jaunâtre, il s'empressa de faire parvenir au dey la nouvelle que les Français qui s'étaient rendus à Alger par terre avaient dans leurs bagages des caisses remplies de sequins destinés à révolutionner la Kabylie. On fit expédier incontinent ces caisses à Alger, et à l'ouverture, devant le ministre de la marine, toute la fantasmagorie de sequins, de trésor, de révolution, disparut à la vue des pieds et des limbes de plusieurs cercles répétiteurs en cuivre.

XXXVI.

Nous allons maintenant séjourner plusieurs mois à Alger ; j'en profiterai pour rassembler quelques détails de mœurs qui pourront intéresser comme le tableau d'un état antérieur à celui de l'occupation de la Régence par les Français. Cette occupation, il faut le remarquer, a déjà altéré profondément les manières, les habitudes de la population algérienne.

Je vais rapporter un fait curieux et qui montrera que la politique, qui s'infiltre dans l'intérieur des familles les plus unies et y porte la discorde, était parvenue, chose extraordinaire, à pénétrer jusque dans le bagne d'Alger. Les esclaves appartenaient à trois nations ; il y avait, en 1809, dans ce bagne, des Portugais, des Napolitains et des Siciliens ; dans ces deux dernières classes, on comptait les partisans de Murat et les partisans de Ferdinand de Naples. Un jour, au commencement de l'année, un drogman vint, au nom du dey, inviter M. Dubois-Thainville à se rendre sans retard au bagne, où les amis des Français et leurs adversaires se livraient un combat acharné ; déjà plusieurs avaient succombé. L'arme avec laquelle ils se frappaient était la grosse et longue chaîne attachée à leurs jambes.

XXXVII.

Chaque consul, ainsi que je l'ai dit plus haut, avait un janissaire préposé à sa garde ; celui du consul de France était Candiote ; on l'avait surnommé *la Terreur*. Toutes les fois que, dans les cafés, on annonçait quelque nouvelle défavorable à la France, il venait s'informer au consulat de la vérité du fait, et lorsque nous lui avions déclaré que les autres janissaires avaient propagé une nouvelle fausse, il allait les rejoindre, et là, le yatagan à la main, déclarait vouloir combattre en champ clos ceux qui soutiendraient encore l'exactitude de la nouvelle. Comme ces menaces incessantes pouvaient le compromettre, car elles ne s'appuyaient que sur son courage de bête fauve, nous avions voulu le rendre habile dans le maniement des armes, en lui donnant quelques leçons d'escrime ; mais il ne pouvait endurer l'idée que des chrétiens le touchassent à tout coup avec des fleurets ; alors il nous proposait de substituer au simulacre de duel un combat effectif avec le yatagan.

On se fera une idée exacte de cette nature brute, lorsque je raconterai qu'un jour, ayant entendu un coup de pistolet dont le bruit partait de sa chambre, on accourut, et on le trouva baigné dans son sang ; il venait de se tirer une balle dans le bras pour se guérir d'une douleur rhumatismale.

Voyant avec quelle facilité les deys disparaissaient, je dis un jour à notre janissaire : « Avec cette perspective devant les yeux, consentiriez-vous à devenir dey. — Oui, sans doute, répondit-il. Vous paraissez ne compter pour rien le plaisir de faire tout ce qu'on veut, ne fût-ce qu'un seul jour ! »

Lorsqu'on voulait circuler dans la ville d'Alger, on se faisait généralement escorter par le janissaire attaché à la maison consulaire ; c'était le seul moyen d'échapper aux insultes, aux avanies et même à des voies de fait. Je viens de dire : c'était le seul moyen ; je me suis trompé, il y en avait un autre, c'était d'aller en compagnie d'un lazariste français âgé de soixante-dix ans, et qui s'appelait, si j'ai bonne mémoire, le père Josué ; il résidait dans ce pays depuis un demi-siècle. Cet homme, d'une vertu exemplaire, s'était voué avec une abnégation admirable au service des esclaves de la Régence, abstraction faite de toutes considérations de nationalité. Le Portugais, le Napolitain, le Sicilien, étaient également ses frères.

Dans les temps de peste, on le voyait jour et nuit porter des secours empressés aux Musulmans ; aussi, sa vertu avait-elle vaincu jusqu'aux haines religieuses ; et partout où il passait, lui et les personnes qui l'accompagnaient recevaient des gens du peuple, des janissaires, et même des desservants des mosquées, les salutations les plus respectueuses.

XXXVIII.

Pendant nos longues heures de navigation sur le bâtiment algérien, de notre séjour obligé dans les prisons de Rosas et sur le ponton de Palamos, j'avais recueilli sur la vie intérieure des Maures ou des Coulouglous des renseignements qui, même à présent qu'Alger est tombé sous la domination de la France, mériteraient peut-être d'être conservés. Je me bornerai cependant à rapporter à peu près textuellement une conversation que j'eus avec

Raïs-Braham, dont le père était un *Turc fin*, c'est-à-dire un Turc né dans le Levant :

« Comment consentez-vous, lui dis-je, à vous marier avec une jeune fille que vous n'avez jamais vue, et à trouver peut-être une femme excessivement laide, au lieu de la beauté que vous aviez rêvée ?

— Nous ne nous marions jamais sans avoir pris des informations auprès des femmes qui servent, en qualité de domestiques, dans les bains publics. Les juives sont d'ailleurs, dans ce cas, des entremetteuses très-utiles.

— Combien avez-vous de femmes légitimes ?

— J'en ai quatre, c'est-à-dire le nombre autorisé par le Koran.

— Vivent-elles en bonne intelligence ?

— Ah ! Monsieur, ma maison est un enfer. Je ne rentre jamais sans les trouver au pas de la porte ou au bas de l'escalier ; là, chacune veut me faire entendre la première les plaintes qu'elle a à porter contre ses compagnes. Je vais prononcer un blasphème, mais je crois que notre sainte religion devrait interdire la multiplicité des femmes à qui n'est pas assez riche pour donner à chacune une habitation à part.

— Mais, puisque le Koran vous permet de répudier même les femmes légitimes, pourquoi ne renvoyez-vous pas trois d'entre elles à leurs parents ?

— Pourquoi ? parce que cela me ruinerait ; le jour du mariage, on stipule une dot avec le père de la jeune fille qu'on va épouser, et on en paie la moitié. L'autre moitié est exigible le jour où la femme est répudiée. Ce serait donc trois demi-dots que j'aurais à payer si je renvoyais trois de mes femmes. Je dois, au reste, rectifier ce qu'il y a d'inexact dans ce que je disais tout à l'heure, que jamais mes quatre femmes n'avaient été d'accord. Une fois, elles se trouvèrent unies entre elles dans le sentiment d'une haine commune. En passant au marché, j'avais acheté une jeune négresse. Le soir, lorsque je me retirais pour me coucher, je m'aperçus que mes femmes ne lui avaient pas préparé une couche, et que la malheureuse était étendue sur le carreau ; je roulai mon pantalon, et le mis sous sa tête en guise d'oreiller. Le matin, les cris déchirants de la pauvre esclave me firent accourir, et je la trouvai succombant presque sous les coups de mes quatre femmes ; cette fois, elles s'entendaient à merveille. »

XXXIX.

En février 1809, le nouveau dey, le successeur de l'épileur de corps morts, peu de temps après être entré en fonctions, réclama de deux à trois cent mille francs, je ne me rappelle pas exactement la somme, qu'il prétendait lui être dus par le gouvernement français. M. Dubois-Thainville répondit qu'il avait reçu de l'Empereur l'ordre de ne pas payer un centime.

Le dey, furieux, décida qu'il nous déclarait la guerre. Une déclaration de guerre à Alger était immédiatement suivie de la mise au bagne de tous les nationaux. Cette fois, on ne poussa pas les choses jusqu'à cette limite extrême. Nos noms durent bien figurer dans la liste des esclaves de la Régence ; mais en fait, pour ce qui me concerne, je restai libre dans la maison consulaire. Sous une garantie pécuniaire contractée par le consul de Suède, M. Norderling, on me permit même d'habiter sa campagne, située près du fort de l'Empereur.

XL.

L'événement le plus insignifiant suffisait pour modifier les dispositions de ces barbares. J'étais descendu, un jour, en ville, et j'étais assis à table chez M. Dubois-Thainville, lorsque le consul d'Angleterre, M. Blankley, arriva en toute hâte, annonçant à notre consul l'entrée au port d'une prise française. « Je n'ajouterai jamais inutilement, dit-il avec bienveillance, aux rigueurs de la guerre ; je viens vous annoncer, mon collègue, que je vous rendrai vos prisonniers sur un reçu qui me permettra la délivrance d'un nombre égal d'Anglais détenus en France. — Je vous remercie, répondit M. Dubois-Thainville, mais je n'en déplore pas moins cet événement qui retardera indéfiniment peut-être le règlement de compte dans lequel je suis engagé avec le dey. »

Pendant cette conversation, armé d'une lunette, je regardais par la fenêtre de la salle à manger, cherchant à me persuader du moins que le bâtiment capturé n'avait pas une grande importance. Mais il fallut céder à l'évidence : il était percé d'un grand nombre de sabords. Tout à coup, le vent ayant déployé les pavillons, j'aperçois avec surprise le pavillon français sur le pavillon anglais. Je fais part de mon observation à M. Blankley ; il me répond sur-le-champ : « Vous ne prétendez pas sans doute mieux observer avec votre mauvaise lunette que je ne l'ai fait avec mon *dollon*. — Vous ne prétendez pas, lui dis-je à mon tour, mieux voir qu'un astronome de profession ; je suis sûr de mon fait. Je demande à M. Thainville ses pouvoirs, et vais à l'instant visiter cette prise mystérieuse. »

Je m'y rendis en effet, et voici ce que j'appris :

Le général Duhesme, gouverneur de Barcelone, voulant se débarrasser de ce que sa garnison renfermait de plus indiscipliné, en forma la principale partie de l'équipage d'un bâtiment, dont il donna le commandement à un lieutenant de Babastro, célèbre corsaire de la Méditerranée.

On voyait, parmi ces marins improvisés, un hussard, un dragon, deux vétérans, un sapeur avec sa longue barbe, etc., etc. Le bâtiment, sorti de nuit de Barcelone, échappa à la croisière anglaise, et se rendit à l'entrée du port de Mahon. Une *lettre de marque anglaise* sortait du port ; la garnison du bâtiment français sauta à l'abordage, et il s'engagea sur le pont un combat acharné dans lequel les Français eurent le dessus. C'était cette *lettre de marque* qui arrivait à Alger.

Investi des pleins pouvoirs de M. Dubois-Thainville, j'annonçai aux prisonniers qu'ils allaient être immédiatement rendus à leur consul. Je respectai même la ruse du capitaine qui, blessé de plusieurs coups de sabre, s'était fait envelopper la tête de son principal pavillon. Je rassurai sa femme ; mais tous mes soins se portèrent particulièrement sur un passager que je voyais amputé d'un bras.

« Où est le chirurgien, lui dis-je, qui vous a opéré ?

— Ce n'est pas notre chirurgien, me dit-il ; il a fui lâchement avec une partie de l'équipage, et s'est sauvé à terre.

— Qui donc vous a coupé le bras ?

— C'est le hussard que vous voyez ici.

— Malheureux ! m'écriai-je, qui a pu vous porter, vous dont ce n'est pas le métier, à faire cette opération ?

— La demande pressante du blessé. Son bras avait acquis déjà un énorme volume ; il voulait qu'on le lui coupât d'un coup de hache. Je lui répondis qu'en Égypte, étant à l'hôpital, j'avais vu faire plusieurs amputations, que j'imiterais ce que j'avais vu, que peut-être réussirais-je ; qu'en tout cas, cela vaudrait mieux qu'un coup de hache. Tout fut convenu ; je m'armai de la scie du charpentier, et l'opération fut faite. »

Je sortis sur-le-champ, et j'allai au consulat d'Amérique réclamer l'intervention du seul chirurgien digne de confiance qui fût alors à Alger. M. Triplet, je crois me rappeler que c'est le nom de l'homme de l'art distingué dont j'invoquai le concours, vint aussitôt à bord du bâtiment, visita l'appareil, et déclara, à ma très-vive satisfaction, que tout était bien, et que l'Anglais survivrait à son horrible blessure.

Le jour même nous fîmes transporter sur des brancards les blessés dans la maison de M. Blankley ; cette opération, exécutée avec un certain apparat, modifia un tant soit peu les dispositions du dey à notre égard, dispositions qui nous devinrent encore plus favorables à la suite d'un autre événement maritime, pourtant fort insignifiant.

On vit un jour, à l'horizon, une corvette armée d'un très-grand nombre de canons et se dirigeant vers le port d'Alger : survint, immédiatement après, un brick de guerre anglais, toutes voiles dehors ; on s'attendait à un combat, et toutes les terrasses de la ville se couvrirent de spectateurs ; le brick paraissait avoir une marche supérieure et nous semblait pouvoir atteindre la corvette ; mais celle-ci, ayant viré de bord, sembla vouloir engager le combat ; le bâtiment anglais fuit devant elle ; la corvette vira de bord une seconde fois et dirigea de nouveau sa route vers Alger, où on aurait cru qu'elle avait une mission spéciale à remplir. Le brick changea de route à son tour, mais il se tint constamment hors de portée du canon de la corvette ; enfin, les deux bâtiments arrivèrent successivement dans le port et y jetèrent l'ancre, au vif désappointement de la population algérienne, qui avait espéré assister sans danger à un combat maritime entre des *chiens de chrétiens* appartenant à deux nations également détestées au point de vue religieux ; mais elle ne put cependant réprimer de grands éclats de rire, en voyant que la corvette était un bâtiment marchand et qu'elle n'était armée que de simulacres de canons en bois. On dit dans la ville que les matelots anglais, furieux, avaient été au moment de se révolter contre leur trop prudent capitaine.

J'ai bien peu de choses à rapporter en faveur des Algériens ; j'accomplirai donc acte de justice, en disant que la corvette partit le lendemain pour les Antilles, sa destination, et qu'il ne fut permis au brick de mettre à la voile que le surlendemain.

XLI.

Bakri venait souvent au consulat de France traiter de nos affaires avec M. Dubois-Thainville : « Que voulez-vous ? disait celui-ci, vous êtes Algérien, vous serez la première victime de l'obstination du dey. J'ai déjà écrit à Livourne pour qu'on se saisisse de vos familles et de vos biens. Lorsque les bâtiments chargés de coton, que vous avez dans ce port, arriveront à Marseille, ils seront immédiatement confisqués ; c'est à vous de voir s'il ne vous convient pas mieux de payer la somme que réclame le dey que de vous exposer à une perte décuple et certaine. »

Le raisonnement était sans réplique, et quoi qu'il pût lui en coûter, Bakri se décida à payer la somme demandée à la

France.

La permission de partir nous fut immédiatement accordée ; je m'embarquai, le 21 juin 1809, sur un bâtiment dans lequel prenaient passage M. Dubois-Thainville et sa famille.

XLII.

La veille de notre départ d'Alger, un corsaire déposa, chez le consul, la malle de Mayorque qu'il avait prise sur un bâtiment dont il s'était emparé ; c'était la collection complète des lettres que les habitants des Baléares écrivaient à leurs amis du continent. « Tenez, me dit M. Dubois-Thainville, voilà de quoi vous distraire pendant la traversée, vous qui gardez presque toujours la chambre à cause du mal de mer ; décachetez et lisez toutes ces lettres, et voyez si elles renferment quelques renseignements dont on puisse tirer parti pour venir en aide aux malheureux soldats qui meurent de misère et de désespoir dans la petite île de Cabrera. »

À peine arrivé à bord de notre bâtiment, je me mis à l'œuvre et remplis sans scrupule et sans remords le rôle d'un employé du cabinet noir, avec cette seule différence que les lettres étaient décachetées sans précaution. J'y trouvai plusieurs dépêches dans lesquelles l'amiral Collingwood signalait au gouvernement espagnol la facilité qu'on aurait à délivrer les prisonniers. Dès notre arrivée à

Marseille, on envoya ces lettres au ministre de la marine, qui, je crois, n'y fit pas grande attention.

Je connaissais presque tout le grand monde à Palma, capitale de Mayorque. Je laisse à deviner avec quelle curiosité je lisais les missives dans lesquelles les belles dames de la ville exprimaient leur haine contre *los malditos cavachios* (*Français*), dont la présence en Espagne avait rendu nécessaire le départ pour le continent d'un magnifique régiment de hussards : combien de personnes j'aurais pu intriguer, si, sous le masque, je m'étais trouvé avec elles au bal de l'Opéra !

Plusieurs de ces lettres, dans lesquelles il était question de moi, m'intéressèrent particulièrement ; j'étais sûr pour le coup que rien n'avait gêné la franchise de ceux qui les avaient écrites. C'est un avantage dont peu de gens peuvent se vanter d'avoir joui au même degré.

Le bâtiment sur lequel j'étais, quoique chargé de balles de coton, avait des papiers de corsaire de la Régence, et était censé l'escorte de trois bâtiments marchands richement chargés qui se rendaient en France.

Nous étions devant Marseille le 1er juillet, lorsqu'une frégate anglaise vint nous barrer le passage : « Je ne vous prends pas, disait le capitaine anglais ; mais venez devant les îles d'Hyères, et l'amiral Collingwood décidera de votre sort. — J'ai reçu, répondait le capitaine barbaresque, la mission expresse de conduire ces bâtiments à Marseille, et je l'exécuterai. — Vous ferez individuellement ce que bon vous semblera, reprit l'Anglais ; quant aux bâtiments marchant sous votre escorte, ils seront, je vous le répète, conduits devant l'amiral Collingwood. » Et il donna sur-le-champ à ces bâtiments l'ordre de faire voile à l'Est.

La frégate s'était déjà un peu éloignée, lorsqu'elle s'aperçut que nous nous dirigions vers Marseille. Ayant appris alors, des équipages des bâtiments marchands, que nous étions nous-mêmes chargés de coton, elle vira de bord pour s'emparer de nous.

Elle allait nous atteindre, lorsque nous pûmes entrer dans le port de la petite île de Pomègue. La nuit, elle mit ses chaloupes à la mer pour tenter de nous enlever ; mais l'entreprise était trop périlleuse, et elle n'osa pas la tenter.

Le lendemain matin, 2 juillet 1809, je débarquai au lazaret.

XLIII.

On va aujourd'hui d'Alger à Marseille en quatre jours ; j'avais employé onze mois pour faire la même traversée. Il est vrai que j'avais fait çà et là des séjours involontaires.

Mes lettres, parties du lazaret de Marseille, furent considérées par mes parents et mes amis comme des certificats de résurrection ; car, depuis longtemps, on me supposait mort. Un grand géomètre avait même proposé au bureau des longitudes de ne plus payer mes appointements à mon fondé de pouvoirs ; ce qui peut sembler d'autant plus cruel que ce fondé de pouvoirs était mon père.

La première lettre que je reçus de Paris renfermait des témoignages de sympathie et des félicitations sur la fin de mes pénibles et périlleuses aventures ; elle était d'un homme déjà en possession d'une réputation européenne, mais que je n'avais jamais vu. M. de Humboldt, sur ce qu'il avait entendu dire de mes malheurs, m'offrait son amitié. Telle fut la première origine d'une liaison qui date de près de quarante-deux ans, sans qu'aucun nuage l'ait jamais troublée.

M. Dubois-Thainville avait de nombreuses connaissances à Marseille ; sa femme était née dans cette ville, et sa famille y résidait. Ils recevaient donc l'un et l'autre de nombreuses visites au parloir. La cloche qui les y appelait n'était muette que pour moi, et je restais seul, délaissé, aux portes d'une ville peuplée de cent mille de mes concitoyens comme je l'avais été au milieu de l'Afrique. Un jour, cependant, la cloche du parloir tinta trois fois (c'était le nombre de coups correspondant au numéro de ma chambre) ; je crus à une erreur. Je n'en fis rien paraître, toutefois ; je franchis fièrement, sous l'escorte de mon garde de santé, le long espace qui sépare le lazaret proprement dit du parloir, et j'y trouvai, avec une très-vive satisfaction, M. Pons, concierge de l'observatoire de Marseille, le plus célèbre dénicheur de comètes dont les annales de l'astronomie aient eu à enregistrer les succès.

En tout temps, la visite de l'excellent M. Pons, que j'ai vu depuis directeur de l'observatoire de Florence, m'eût été très-agréable ; mais, pendant ma quarantaine, elle fut pour moi d'une inappréciable valeur. Elle me prouvait que j'avais retrouvé le sol natal.

Deux ou trois jours avant notre entrée en libre pratique, nous éprouvâmes une perte vivement ressentie par chacun de nous. Pour tromper les ennuis d'une sévère quarantaine, la petite colonie algérienne avait l'habitude de se rendre dans un enclos voisin du lazaret, où était renfermée une très-belle gazelle appartenant à M. Dubois-Thainville ; elle bondissait là en toute liberté, avec une grâce qui excitait notre admiration. L'un de nous essaya d'arrêter dans sa course l'élégant animal ; il le saisit malheureusement par la jambe et la lui cassa. Nous accourûmes tous, mais seulement, hélas ! pour assister à une scène qui excita chez nous une profonde émotion.

La gazelle, couchée sur le flanc, levait tristement la tête ; ses beaux yeux (des yeux de gazelle !) répandaient des torrents de larmes ; aucun cri plaintif ne s'échappait de sa bouche ; elle fit sur nous cet effet que produit toujours une personne qui, frappée subitement d'un irréparable malheur, se résigne et ne manifeste ses profondes angoisses que par des pleurs silencieux.

XLIV.

Après avoir terminé ma quarantaine, je me rendis d'abord à Perpignan, au sein de ma famille, où ma mère, la plus respectable et la plus pieuse des femmes, fit dire force messes pour célébrer mon retour, comme elle en avait demandé pour le repos de mon âme, lorsqu'elle me croyait tombé sous le poignard des Espagnols. Mais je quittai bientôt ma ville natale pour rentrer à Paris, et je déposai au Bureau des Longitudes et à l'Académie des Sciences, mes observations que j'étais parvenu à conserver, au milieu des périls et des tribulations de ma longue campagne.

Peu de jours après mon arrivée, le 18 septembre 1809, je fus nommé académicien, en remplacement de Lalande. Il y avait cinquante-deux votants ; j'obtins quarante-sept voix, M. Poisson, quatre, et M. Nouet, une. J'avais alors vingt-trois ans.

XLV.

Une nomination faite à une telle majorité semble, au premier abord, n'avoir pu donner lieu à des difficultés sérieuses ; et, cependant, il n'en fut pas ainsi. L'intervention de M. de Laplace, avant le jour du scrutin, fut active et incessante pour faire ajourner mon admission jusqu'à l'époque où une place vacante, dans la section de géométrie, permettrait à la docte assemblée de nommer M. Poisson en même temps que moi. L'auteur de la *Mécanique céleste* avait voué au jeune géomètre un attachement sans bornes, complètement justifié, d'ailleurs, par les beaux travaux que la science lui devait déjà. M. de Laplace ne pouvait supporter l'idée qu'un astronome, plus jeune de cinq ans que M. Poisson, qu'un élève, en présence de son professeur à l'École polytechnique, deviendrait académicien avant lui. Il me fit donc proposer d'écrire à l'Académie que je désirais n'être élu que lorsqu'il y aurait une seconde place à donner à Poisson ; je répondis par un refus formel et motivé en ces termes : « Je ne tiens nullement à être nommé en ce moment ; je suis décidé à partir prochainement pour le Thibet avec M. de Humboldt ; dans ces régions sauvages, le titre de membre de l'Institut n'aplanirait pas les difficultés que nous devons rencontrer. Mais je ne me rendrai pas coupable d'une inconvenance envers l'Académie. En recevant la déclaration qu'on me demande, les savants dont se compose ce corps illustre, n'auraient-ils pas le droit de me dire : Qui vous assure qu'on a pensé à vous ? Vous refusez ce qu'on ne vous a pas offert. »

En voyant ma ferme résolution de ne pas me prêter à la démarche inconsidérée qu'il m'avait conseillée, M. de Laplace agit d'une autre façon ; il soutint que je n'avais pas assez de titres pour mon admission à l'Académie. Je ne prétends pas qu'à l'âge de vingt-trois ans mon bagage scientifique fût très-considérable, à l'apprécier d'une manière absolue ; mais, lorsque je jugeais par comparaison, je reprenais courage, surtout en songeant que les trois dernières années de ma vie avaient été consacrées à la mesure d'un arc de méridien dans un pays étranger ; qu'elles s'étaient passées au milieu des orages de la guerre d'Espagne : assez souvent dans les cachots, ou, ce qui était encore pis, dans les montagnes de la Kabylie et à Alger, séjour alors fort dangereux. Voici, au surplus, mon bilan de cette époque ; je le livre à l'appréciation impartiale du lecteur :

Au sortir de l'École polytechnique, j'avais fait, de concert avec M. Biot, un travail étendu et très-délicat sur la détermination du coefficient des tables de réfraction atmosphérique.

Nous avions aussi mesuré la réfraction de différents gaz, ce qui, jusque là, n'avait pas été tenté.

Une détermination, plus exacte qu'on ne l'avait alors, du rapport du poids de l'air au poids du mercure, avait fourni une valeur directe du coefficient de la formule barométrique servant au calcul des hauteurs.

J'avais contribué, d'une manière régulière et très-assidue, pendant près de deux ans, aux observations qui s'étaient faites de jour et de nuit à la lunette méridienne et au quart de cercle mural à l'Observatoire de Paris.

J'avais entrepris avec M. Bouvard les observations relatives à la vérification des lois de la libration de la lune. Tous les calculs étaient préparés ; il ne me restait plus qu'à mettre les nombres dans les formules, lorsque je fus, par ordre du Bureau des longitudes, forcé de quitter Paris pour aller en Espagne. J'avais observé diverses comètes et calculé leurs orbites. J'avais, de concert avec M. Bouvard, calculé, d'après la formule de Laplace, la table de réfraction qui a été publiée dans le *Recueil des tables* du Bureau des longitudes et dans la *Connaissance des temps*. Un travail sur la vitesse de la lumière, fait avec un prisme placé devant l'objectif de la lunette du cercle mural, avait prouvé que les mêmes tables de réfraction peuvent servir pour le soleil et toutes les étoiles.

Enfin, je venais de terminer dans des circonstances très-difficiles la triangulation la plus grandiose qu'on eut jamais exécutée, pour prolonger la méridienne de France jusqu'à l'île de Formentera.

M. de Laplace, sans nier l'importance et l'utilité de ces travaux et de ces recherches, n'y voyait qu'une espérance ; alors, M. Lagrange lui dit en termes formels :

« Vous-même, monsieur de Laplace, quand vous entrâtes à l'Académie, vous n'aviez rien fait de saillant ; vous donniez seulement des espérances. Vos grandes découvertes ne sont venues qu'après. »

Lagrange était le seul homme en Europe qui pût avec autorité lui adresser une pareille observation.

M. de Laplace ne répliqua pas sur le fait personnel ; mais il ajouta : « Je maintiens qu'il est utile de montrer aux jeunes savants une place de membre de l'Institut comme une récompense pour exciter leur zèle. »

« Vous ressemblez, répliqua M. Hallé, à ce cocher de fiacre qui, pour exciter ses chevaux à la course, attachait une botte de foin au bout du timon de sa voiture. Les pauvres chevaux redoublaient d'efforts, et la botte de foin fuyait toujours devant eux. En fin de compte, cette pratique amena leur dépérissement, et bientôt après leur mort. »

Delambre, Legendre, Biot, insistèrent sur le dévouement et ce qu'ils appelaient le courage avec lesquels j'avais combattu des difficultés inextricables, soit pour achever les observations, soit pour sauver les instruments et les résultats obtenus. Ils firent une peinture animée des dangers que j'avais courus. M. de Laplace finit par se rendre en voyant que toutes les notabilités de l'Académie m'avaient pris sous leur patronage ; et, le jour de l'élection, il m'accorda sa voix. Ce serait pour moi, je l'avoue, un sujet de regrets, même aujourd'hui, après quarante-deux ans, si j'étais devenu membre de l'Institut sans avoir obtenu le suffrage de l'auteur de la *Mécanique céleste*.

XLVI.

Les membres de l'Institut devaient toujours être présentés à l'Empereur après qu'il avait confirmé leurs nominations. Le jour désigné, réunis aux présidents, aux secrétaires des quatre classes et aux académiciens qui avaient des publications particulières à offrir au chef de l'État, ils se rendaient dans un des salons des Tuileries. Lorsque l'Empereur revenait de la messe, il passait une sorte de revue de ces savants, de ces artistes, de ces littérateurs en habits verts.

Je dois le déclarer, le spectacle dont je fus témoin le jour de ma présentation ne m'édifia pas. J'éprouvai même un déplaisir réel à voir l'empressement que mettaient les membres de l'Institut à se faire remarquer.

« Vous êtes bien jeune, » me dit Napoléon en s'approchant de moi ; et, sans attendre une réplique flatteuse qu'il n'eût pas été difficile de trouver, il ajouta : « Comment vous appelez-vous ? » Et mon voisin de droite ne me laissant pas le temps de répondre à la question assurément très-simple qui m'était adressée en ce moment, s'empressa de dire : « *Il* s'appelle Arago. »

« Quelle est la science que vous cultivez ? »

Mon voisin de gauche répliqua aussitôt :

« *Il* cultive l'astronomie. »

« Qu'est-ce que vous avez fait ? »

Mon voisin de droite, jaloux de ce que mon voisin de gauche avait empiété sur ses droits à la seconde question, se hâta de prendre la parole et dit :

« *Il* vient de mesurer la méridienne d'Espagne. »

L'Empereur, s'imaginant sans doute qu'il avait devant lui un muet ou un imbécile, passa à un autre membre de l'Institut. Celui-ci n'était pas un nouveau venu : c'était un naturaliste connu par de belles et importantes découvertes, c'était M. Lamarck. Le vieillard présente un livre à Napoléon.

« Qu'est-ce que cela ? dit celui-ci. C'est votre absurde *Météorologie*, c'est cet ouvrage dans lequel vous faites concurrence à Matthieu Lænsberg, cet annuaire qui déshonore vos vieux jours ; faites de l'histoire naturelle, et je recevrai vos productions avec plaisir. Ce volume, je ne le prends que par considération pour vos cheveux blancs. — Tenez ! » Et il passe le livre à un aide de camp.

Le pauvre M. Lamarck, qui, à la fin de chacune des paroles brusques et offensantes de l'Empereur, essayait inutilement de dire : « C'est un ouvrage d'histoire naturelle que je vous présente, » eut la faiblesse de fondre en larmes.

L'Empereur trouva immédiatement après un jouteur plus énergique dans la personne de M. Lanjuinais. Celui-ci s'était avancé un livre à la main ; Napoléon lui dit en ricanant :

« Le Sénat tout entier va donc se fondre à l'Institut ? — Sire, répliqua Lanjuinais, c'est le corps de l'État auquel il reste le plus de temps pour s'occuper de littérature. »

L'Empereur, mécontent de cette réponse, quitta brusquement les uniformes civils et se mêla aux grosses épaulettes qui remplissaient le salon.

XLVII.

Immédiatement après ma nomination, je fus en butte à d'étranges tracasseries de la part de l'autorité militaire. J'étais parti pour l'Espagne, en conservant le titre d'élève de l'École polytechnique. Mon inscription sur les contrôles ne pouvait pas durer plus de quatre ans ; en conséquence, on m'avait enjoint de rentrer en France pour y subir les examens de sortie. Mais, sur ces entrefaites, Lalande mourut ; et, par suite, une place devint vacante au Bureau des longitudes : je fus nommé astronome adjoint. Ces places étant soumises à la nomination de l'Empereur, M. Lacuée, directeur de la conscription, crut voir dans cette circonstance que j'avais satisfait à la loi, et je fus autorisé à continuer mes opérations.

M. Matthieu Dumas, qui lui succéda, envisagea la question sous un point de vue tout différent : il m'enjoignit de fournir un remplaçant, ou de partir moi-même avec le contingent du 12e arrondissement de Paris.

Toutes mes réclamations, toutes celles de mes amis ayant été sans effet, j'annonçai à l'honorable général que je me rendrais sur la place de l'Estrapade, d'où les conscrits devaient partir, en costume de membre de l'Institut, et que c'est ainsi que je traverserais à pied, la ville de Paris. Le général Matthieu Dumas fut effrayé de l'effet que produirait cette scène sur l'Empereur, membre de l'Institut lui-même, et s'empressa, sous le coup de ma menace, de confirmer la décision du général Lacuée.

XLVIII

Dans l'année 1809, je fus choisi par le *conseil de perfectionnement* de l'École polytechnique pour succéder à M. Monge, dans sa chaire d'*analyse appliquée à la géométrie*. Les circonstances de cette nomination sont restées un secret ; je saisis la première occasion qui s'offre moi de les faire connaître.

M. Monge prit la peine de venir un jour, à l'Observatoire, me demander de le remplacer. Je déclinai cet honneur, à cause d'un projet de voyage que je devais faire dans l'Asie centrale avec M. de Humboldt. « Vous ne partirez certainement que dans quelques mois, dit l'illustre géomètre ; vous pourrez donc me remplacer temporairement. — Votre proposition, répliquai-je, me flatte infiniment ; mais je ne sais si je dois accepter. Je n'ai jamais lu votre grand ouvrage sur les équations aux différences partielles ; je n'ai donc pas la certitude que je serais en mesure de faire des leçons aux élèves de l'École polytechnique sur une théorie aussi difficile. — Essayez, dit-il et vous verrez que cette théorie est plus claire qu'on ne le croit généralement. » J'essayai, en effet, et l'opinion de M. Monge me parut fondée.

Le public ne comprit pas, à cette époque, comment le bienveillant M. Monge refusait obstinément de confier son cours à M. Binet, son répétiteur, dont le zèle était bien connu. C'est ce motif que je vais dévoiler.

Il y avait alors au bois de Boulogne une habitation nommée *la Maison grise*, où se réunissaient, autour de M. Coessin, grand prêtre d'une religion nouvelle, un certain nombre d'adeptes, tels que Lesueur, le musicien, Colin, répétiteur de chimie à l'École, M. Binet, etc. Un rapport du préfet de police avait signalé à l'Empereur les hôtes de la Maison grise comme étant affiliés à la Compagnie de Jésus. L'Empereur s'en montra inquiet et irrité : « Eh bien ! dit-il à M. Monge, voilà vos chers élèves devenus les disciples de Loyola ! » Et Monge de nier. « Vous niez, reprit l'Empereur ; eh bien, sachez que le répétiteur de votre cours est dans cette clique. » Tout le monde comprendra qu'après une telle parole, Monge ne pouvait pas consentir à se faire remplacer par M. Binet.

XLIX.

Arrivé à l'Académie, jeune, ardent, passionné, je me mêlai des nominations beaucoup plus que cela n'eût convenu à ma position et à mon âge. Parvenu à une époque de la vie où j'examine rétrospectivement toutes mes actions avec calme et impartialité, je puis me rendre cette justice que, sauf dans trois ou quatre circonstances, ma voix et mes démarches furent toujours acquises au candidat le plus méritant, et plus d'une fois je parvins à empêcher l'Académie de faire des choix déplorables. Qui pourrait me blâmer d'avoir soutenu avec vivacité la candidature de Malus, en songeant que son concurrent, M. Girard, inconnu comme physicien, obtint 22 voix sur 53 votants, et qu'un déplacement de 5 voix lui eût donné la victoire sur le savant qui venait de découvrir la polarisation par voie de réflexion, sur le savant que l'Europe aurait nommé par acclamation. Les mêmes remarques sont applicables à la nomination de Poisson, qui aurait échoué contre ce même M. Girard, si quatre voix s'étaient déplacées. Cela ne suffit-il pas pour justifier l'ardeur inusitée de mes démarches ? Quoique dans une troisième épreuve la majorité de l'Académie se soit prononcée en faveur du même ingénieur, je ne puis me repentir d'avoir soutenu jusqu'au dernier moment, avec conviction et vivacité, la candidature de son concurrent M. Dulong.

Je ne suppose pas que, dans le monde scientifique, personne soit disposé à me blâmer d'avoir préféré M. Liouville à M. de Pontécoulant.

L.

Parfois, il arriva que le gouvernement voulut prescrire des choix à l'Académie ; fort de mon droit je résistai invariablement à toutes les injonctions. Une fois, cette résistance porta malheur à un de mes amis, au vénérable Legendre ; quant à moi, je m'étais préparé d'avance à toutes les persécutions dont je pourrais être l'objet. Ayant reçu du ministère de l'intérieur l'invitation de voter pour M. Binet et contre M. Navier, à propos d'une place vacante dans la section de mécanique, Legendre répondit noblement qu'il voterait en son âme et conscience. Il fut immédiatement privé d'une pension que son grand âge et ses longs services lui avaient valu. Le protégé de l'autorité échoua, et l'on attribua, dans le temps, ce résultat à l'activité que je mis à éclairer les membres de l'Académie sur l'inconvenance des procédés du ministère.

Dans une autre circonstance, le roi voulait que l'Académie nommât Dupuytren, chirurgien éminent, mais auquel on reprochait des torts de caractère des plus graves. Dupuytren fut nommé ; mais plusieurs billets blancs protestèrent contre l'intervention de l'autorité dans les élections académiques.

LI.

J'ai dit plus haut que j'avais épargné à l'Académie quelques choix déplorables ; je n'en citerai qu'un seul, à l'occasion duquel j'eus la douleur de me trouver en opposition avec M. de Laplace. L'illustre géomètre voulait qu'on accordât une place vacante dans la section d'astronomie à M. Nicollet, homme sans talent, et de plus soupçonné de méfaits qui entachaient son honneur de la manière la plus grave. À la suite d'un combat que je soutins visière levée, malgré les dangers qu'il pouvait y avoir à braver ainsi les protecteurs puissants de M. Nicollet, l'Académie passa au scrutin ; le respectable M. Damoiseau dont j'avais soutenu la candidature obtint 45 voix sur 48 votants. M. Nicollet n'en réunit donc que 3.

« Je vois, me dit M. de Laplace, qu'il ne faut pas lutter contre les jeunes gens ; je reconnais qu'un homme qu'on appelle le *grand Électeur* de l'Académie, est plus puissant que moi. — Non, répondis-je ; M. Arago parviendra à balancer l'opinion justement prépondérante de M. de Laplace alors seulement que le bon droit sera sans contestation possible de son côté. »

Peu de temps après, M. Nicollet était en fuite pour l'Amérique, et le Bureau des longitudes faisait rendre une ordonnance pour l'expulser ignominieusement de son sein.

LII.

J'engagerai les savants qui, entrés de bonne heure à l'Académie, seraient tentés d'imiter mon exemple, à ne compter que sur le témoignage de leur conscience ; je les préviens, en connaissance de cause, que la reconnaissance leur fera presque toujours défaut.

L'académicien nommé, dont vous avez exalté le mérite quelquefois outre mesure, prétend que vous n'avez fait que lui rendre justice, que vous avez rempli un devoir, et qu'il ne doit conséquemment vous en tenir aucun compte.

LIII.

Delambre mourut le 19 août 1822. Après les délais obligés on procéda à son remplacement. La place de secrétaire perpétuel n'est pas de celles qu'on peut laisser longtemps vacantes. L'Académie nomma une commission pour lui présenter des candidats : elle était composée de MM. de Laplace, Arago, Legendre, Rossel, Prony, Lacroix. La liste de présentation se composait de MM. Biot, Fourier et Arago. Je n'ai pas besoin de dire avec quelle persistance je m'opposai à l'inscription de mon nom sur cette liste ; je dus céder à la volonté de mes collègues, mais je saisis la première occasion de déclarer publiquement que je n'avais ni la prétention ni le désir d'obtenir un seul suffrage ; qu'au surplus je cumulais autant d'emplois que j'en pouvais remplir, qu'à cet égard M. Biot était dans la même position ; en telle sorte que je faisais des vœux pour la nomination de M. Fourier.

On a prétendu, mais je n'ose me flatter que le fait soit exact, que ma déclaration exerça une certaine influence sur le résultat du scrutin. Ce résultat fut le suivant : M. Fourier réunit 38 voix et M. Biot 10. Dans une circonstance de cette nature, chacun cache soigneusement son vote afin de ne pas courir la chance d'un futur désaccord avec celui qui sera investi de l'autorité que l'Académie accorde au secrétaire perpétuel. Je ne sais si on me pardonnera de raconter un incident dont l'Académie s'égaya beaucoup dans le temps.

M. de Laplace, au moment de voter, prit deux billets blancs ; son voisin eut la coupable indiscrétion de regarder et vit distinctement que l'illustre géomètre écrivait le nom de Fourier sur les deux. Après les avoir ployés tranquillement, M. de Laplace mit les billets dans son chapeau, le remua, et dit à ce même voisin curieux : « Vous voyez, j'ai fait deux billets ; je vais en déchirer un, je mettrai l'autre dans l'urne, j'ignorerai ainsi même pour lequel des deux candidats j'aurai voté. »

Les choses se passèrent comme l'avait annoncé le célèbre académicien ; seulement tout le monde sut avec certitude que son suffrage avait été pour Fourier, et le calcul des probabilités ne fut nullement nécessaire pour arriver à ce résultat.

LIV.

Après avoir rempli les fonctions de secrétaire avec beaucoup de distinction, mais non sans quelque mollesse, sans quelque négligence, à cause de sa mauvaise santé, Fourier mourut le 16 mai 1830. Je déclinai plusieurs fois l'honneur que l'Académie paraissait vouloir me faire de me nommer pour lui succéder ; je croyais, sans fausse modestie, ne pas avoir les qualités nécessaires pour remplir convenablement cette place importante. Lorsque 39 voix sur 44 votants m'eurent désigné, il fallut bien que je cédasse à une opinion si flatteuse et si nettement formulée ; le 7 juin 1830, je devins donc secrétaire perpétuel de l'Académie pour les sciences mathématiques, mais conformément aux idées sur le cumul dont je m'étais fait un argument pour appuyer, en novembre 1822, la candidature de Fourier, je déclarai que je donnerais ma démission de professeur à l'École polytechnique. Ni les sollicitations du maréchal Soult, ministre de la guerre, ni celles des membres les plus éminents de l'Académie, ne parvinrent à me faire renoncer à cette résolution.

---

1. ↥ Œuvre posthume.
2. ↥ Méchain, membre de l'Académie des Sciences et de l'Institut, fut chargé en 1792 d'aller prolonger la mesure de la méridienne en Espagne, jusqu'à Barcelone. Pendant ses opérations dans les Pyrénées, en 1794, il avait connu mon père qui était un des administrateurs du département des Pyrénées-Orientales. Plus tard, en 1803, lorsqu'il s'agissait de continuer la mesure de la méridienne jusqu'aux Iles Baléares, M. Méchain passa de nouveau à Perpignan et vint rendre visite à mon père. Comme j'allais partir pour subir l'examen d'admission à l'École polytechnique, mon père se hasarda à lui demander s'il ne pourrait pas me recommander à M. Monge. « Volontiers, répondit-il mais, avec la franchise qui me caractérise, je ne dois pas vous laisser ignorer que, livré à lui-même, il me paraît peu probable que votre fils se soit rendu complètement maître des matières dont se compose le programme. Au reste, s'il est reçu, qu'il se destine à l'artillerie ou au génie, la carrière des sciences, dont vous m'avez parlé, est vraiment trop difficile à parcourir, et à moins d'une vocation spéciale, votre fils n'y trouverait que des déceptions. » En anticipant un peu sur l'ordre des dates, rapprochons ces conseils de ce qu'il advint : J'allai à Toulouse, Je subis l'examen et je fus reçu ; une année et demie après je remplissais à l'Observatoire la place de secrétaire devenue vacante par la démission du fils de M. Méchain ; une année et demie plus tard, c'est-à-dire quatre ans après l'horoscope de Perpignan, je remplaçais en Espagne, avec M. Biot, le célèbre académicien qui y était mort, victime de ses fatigues.
3. ↥ De retour à Paris, je m'empressai d'aller au Jardin des Plantes rendre visite au lion, mais il me reçut avec un grincement de dents très-peu amical. Croyez ensuite à cette merveilleuse histoire du lion de Florence, dont la gravure s'est emparée, et qui est offerte, sur l'étalage de tous les marchands d'estampes, aux yeux des passants étonnés et émus.